中国人的
礼仪规矩

蔡少惠 编著

中国纺织出版社有限公司

内 容 提 要

在我们的社会活动中，识人先看的是对方懂不懂礼仪，没有一个人愿意和无礼的人交往。懂礼仪守规矩的人才能被信任，进而得到与他人更深入接触的机会。可以说，只有懂礼仪的人才能成功打开社会交往中的第一扇大门。

本书从衣着打扮、言谈举止、待人接物、迎来送往等方面，全面地介绍了各种场合中人们应该遵守的礼仪和规矩，如果你还在为自己不懂礼仪而烦恼的话，没关系，你会在这本书的帮助下，成为一个真正懂礼仪的人，成为社交活动中受人关注和钦佩的人，为自己创造更多的人生际遇，从而获得人生的成功与幸福。

图书在版编目（CIP）数据

中国人的礼仪规矩 / 蔡少惠编著.--北京：中国纺织出版社有限公司，2023.8
ISBN 978-7-5229-0852-6

Ⅰ.①中… Ⅱ.①蔡… Ⅲ.①礼仪—文化—中国 Ⅳ.①K892.26

中国国家版本馆CIP数据核字（2023）第146883号

责任编辑：邢雅鑫　　责任校对：高　涵　　责任印制：储志伟

中国纺织出版社有限公司出版发行
地址：北京市朝阳区百子湾东里A407号楼　邮政编码：100124
销售电话：010—67004422　传真：010—87155801
http://www.c-textilep.com
中国纺织出版社天猫旗舰店
官方微博 http://weibo.com/2119887771
德富泰（唐山）印务有限公司印刷　各地新华书店经销
2023年8月第1版第1次印刷
开本：710×1000　1/16　印张：13
字数：130千字　定价：49.80元

凡购本书，如有缺页、倒页、脱页，由本社图书营销中心调换

前　言

我国历史悠久，是举世闻名的礼仪之邦，注重礼仪修养向来是中华民族的传统美德，孔子曾说过："不学礼，无以立。"也就是说，一个人想要有所作为，就必须从学习礼仪做起。而现代社会，礼仪更成为人际交往的一种方式，甚至是一种行为规范。

礼仪是一个人乃至一个民族、一个国家文化修养与道德修养的外在体现，一个人如果懂得礼仪，处处以礼仪规范来约束自己，无论走到哪里，他都会成为万众瞩目的焦点。学习礼仪对于培养文明有礼、品德高尚的高素质人才有着十分重要的意义。

礼仪不仅是规则，更是交往的艺术，是与人合作之道。礼仪让沟通更有效，让社会运行更稳定和谐。中国古人都知道"礼者敬人也，仪者仪式也"，概括来说，礼仪就是尊敬自己、尊敬别人的一种表现形式，更是人们在社交活动中应共同遵守的行为规范和准则。

对于不懂礼仪的年轻人来说，进入社会和职场的第一步就是要学习如何与人交往，就是要让自己变成一个懂礼之人。不难想象，当你跨入职场的那一刻起，你就要和同事、领导相处，你需要明白进退有度、谦逊谨慎的道理；当你和朋友、闺蜜聚在一起时，你要注意亲和得体、严于律己；在社交场合，你也须做到落落大方、谈吐优雅，即便与自己亲密的爱人或父母在一起时，也要谦恭有礼。事实上，在日常生活中，处处都涉及礼仪，我们的每一句话、每一个动作都在礼仪和规矩的约束之下。

礼仪好似一张请帖，携带它，人际交往会减少很多纷争。礼仪是一套隐形的华服，它在不着痕迹之处折射出一个人的素质，展现出内在的修养。本书分析了在日常生活中必须注意的诸多礼仪和规矩，内容全面丰富，涵盖居家、社交往来、说话、穿戴等各个方面，让你在熟悉、掌握并合理运用各种礼仪的基础上，拥有自信、得体、优雅的举止。相信不久的将来，你会从头到脚有一种气质的改变和提升，成为受人瞩目、光彩照人的人。

编著者

2023年6月

第04章　穿戴合礼仪：着装和仪态透露出品位和修养

第05章　百善孝为先：孝敬父母的规矩

第 09 章 不忘律己修身：自我提升路上要遵守的规矩

第 01 章

在家讲规矩：
家庭中的老规矩
不能忘

国有国法，家有家规

生活中，我们常提到"家教"一词，所谓"家教"，就是"家庭教育"，中国人非常重视家教。一个孩子在外面惹了事儿，人们往往不会说这个孩子怎么了，反而会说："这孩子，怎么这么没家教啊？"父母在教育孩子时，也常常会说："你在外头可得守好规矩，别惹出什么事儿，捅点儿什么篓子，我们可替你丢不起这个人。"由此可见，孩子的行为就是家长的脸面，孩子的一举一动，都能反映出家教如何。

家教主要体现在三个方面：一是立家规，让孩子知道自己的行为准则和边界，知道能做什么，不能做什么。二是以身作则，身教重于言传。比如，教育孩子不要沾惹不良嗜好，那家长首先得管好自己。三是多种形式的教化，带孩子读书，看艺术展，接触有文化修养的人，等等，这些潜移默化的教育，往往让孩子受益终身。

以下是一些常见的家规：

吃饭时不要吧唧嘴，不能发出呼噜呼噜的声音，不要咬着筷子；夹菜不过盘中线，不要搅盘子中的菜，不要满盘子乱挑，只能夹眼前的；不要把筷子竖插在碗里；不要将壶嘴对着人；不要拿筷子、勺子敲碗。

站立时不要叉着腿，不要弯腰驼背，要做到站不倚门、话不高声；就座时不要抖腿。

要做到衣冠整洁，正式场合不要挽袖管和裤腿。

与人交往时不要斜眼看人；不要当众大呼小叫或传闲言碎语；不要欺诈侮辱他人；单独和异性共处一室要开着门。

见到长辈时不要不称"您"；不要不叫尊称或名字就说话。

招待客人时倒茶不能倒满；吃饭前要礼貌地招呼长辈，长辈坐下说吃饭才能吃；不要反着手给人倒水或倒酒。

做客不能坐人家的床；不要进别人家没有人的房间；吃饭时主人动筷子客人才能动。

站不倚门，话不高声

中国的传统规矩里，就有"站不倚门，话不高声"这样一句话。从前，人们大都住在四合院或大杂院，所以，说到"门"，主要是指家门和院门。倚，是偏着身子靠的意思。"站不倚门"就是不能歪着身子靠在门框上，也不能倚在门板上。中国传统文化讲究站有站相，坐有坐相，倚着门就是典型的站没站相，这是种不礼貌的姿态。从一个人的姿态可以看出品行和教养，中国的长辈们对家风家教看得极重，所以孩子们也从小就被要求遵守一些老规矩，如若不然，可能就会犯了大忌。

"站不倚门"和"话不高声"这两句话传达了做人要端庄、做事要谨慎、言语要低声的行为规范，以及尊重他人、守纪律、重细节的精神价值。这两句话作为传统文化中的谚语，强调了做人和做事的规矩，具有丰富的文化内涵和教育意义。

那么，我们要做到站有站相，应该掌握哪些站姿要领呢？

正确的站姿的特点是：端正、挺拔、舒展、俊美。具体来说，我们要这样站立：

1.不要叉开双腿，也不要放松四肢

一般地说，站着的时候可以一条腿用力多一点，另一条腿用力少一点，形成一种稳定。人们所说"站如钟，行如风"，就是说，站着的时候重心稳定，是性格坚定的一种体现。

2.站立时一定要挺拔，抬头挺胸收腹

这是最基本的站姿，而且不管在哪里，在哪种场合，只要是站就要保持这种形态，长久下来就会形成一种习惯。如果没养成良好站姿，那就锻炼自己，脚跟、臀部、两肩、后脑勺贴着墙，两手垂直下放，两腿并拢；做立正姿势站上个半小时，每日坚持，就能明显改善站姿。

3.正确的手位

一些人在站立的时候，尤其是在众人面前，常常手足无措，双手不知放在何处才好。其实，手位可以随着场合进行调整。

同别人站着交谈时，如果空着手，可双手在体后交叉，右手放在左手上。若身上背着背包，可以手扶背包肩带，利用背包摆出优雅的站姿。

4.正确的脚位

向长辈、朋友、同事问候或做介绍时，不论握手或鞠躬，双足应当并立，相距约10厘米，膝盖要挺直。等车或等人时，两足的位置可一前一后，保持45°角，肌肉放松而自然，并保持身体的挺直。

当然，这些站姿是规范的，但要避免僵直硬化，肌肉不能太紧张，可以适宜地变换姿态，追求动感美。在站立时，不要躬腰驼背或挺肚后仰，也不要东倒西歪地将身体倚在其他物体上，两手不要插在裤袋里或叉在腰间，也不要抱臂于胸前。

站的姿势应该是自然、轻松、优美的，不论站立时摆何种姿势，只有脚的姿势及角度和手的位置在变，身体一定要保持挺直。

另外，"话不高声"也是必备的文明素养，高声说话虽没有违反什么法律，但这种行为弊端多多：高声说话增加了环境的噪声，影响了他人的休息

和工作，会使人心绪不宁，烦躁不安；高声说话还可能泄露你自己的隐私，由此而产生的危险不容忽视。因此，即便不是在公共场合，低声说话也是一种文明的表现。

吃饭不能吧唧嘴

长辈们常对孩子说："吃饭不能吧唧嘴"，这是自古以来的规矩。当然，吃饭讲究吃相，不只是在古代，放到现代社会，也是必须要遵守的规矩。另外，现代社会，随着应酬的增多，人们的餐桌礼仪越来越被重视，重要场合的吃相更为讲究，这一点也被很多学习礼仪的人关注。但实际生活中，我们发现在饭桌上，还是有些人因为细节上的不注意，而经常会出现这样那样的礼仪问题。就比如，有些人可能会认为在吃饭时吧唧嘴无伤大雅，但实际上，这是一种极为不礼貌的表现。对此，我们先来看下面一个案例：

一位女主人将在当天晚间宴客，重要的主菜是一条名贵的石斑鱼。宴请的宾客都是丈夫单位的同事，还有领导。

这天，为了让自己做的石斑鱼能使宾客们满意，女主人还请了自己的妹妹，二十几岁的妹妹大大咧咧，但却做得一手好菜。另外，女主人请她还因为她能活跃现场的气氛。

晚宴时宾主尽欢，到最后一道主菜，清蒸石斑鱼端上桌了，原本愉悦的气氛霎时静了下来。因为石斑鱼放在银盘当中，色、香、味俱全。银盘四周的食物装饰也恰到好处。

于是，女主人和自己的妹妹坐下和大家一起用餐，但没过多久，饭桌上的气氛就凝重了。原来，女主人的妹妹还没等客人下筷，就夹起一块鱼，放到嘴中，满嘴鱼肉地对大家说："告诉你们，今天这道菜可不是我姐姐一个人的功劳，我也出力了，所以我先吃了啊。"她边说边吧唧着嘴，说完，还把一根鱼刺吐在了桌子上，这一举动让女主人顿时很尴尬，恨不得找个洞钻进去。整个饭局上，她的妹妹一直说个不停，而女主人一直都沉默不语。

案例中，这位女主人把自己的妹妹请来，虽然初衷是好的，但却被自己的妹妹搅了局。表面上看，妹妹的表现似乎与女主人无关，但实际上，在座的宾客们会猜疑：妹妹的素质就这样，那姐姐呢？那么，我们来分析一下，女主人的妹妹在吃饭时，有哪些不合规范的地方：首先，她不应该在众人尚未动筷的情况下，先"吃"一步；其次，咀嚼食物不可吧唧嘴，这是一种很失礼节的行为；最后，当吃到鱼刺时，她也不该直接吐到桌子上，实在不雅观。

从这里，我们发现，吃饭也不是一件简单的事。对此，我们要注意以下几个方面：

1.对于不同的食物，有不同的吃法

（1）吃面包抹黄油时，通常是小圆面包和面包条，此时可以用手把面包掰成几小块，抹一块，吃一块。

吃三明治时，小的三明治和烤面包是用手拿着吃的，大点的吃前先切开。配卤汁吃的热三明治需要用刀和叉。

（2）吃肉类的时候，要用刀、叉把肉切成小块，大小刚好是一口。吃一块，切一块。

吃牛肉（牛排）的场合，由于可以按自己喜好决定生熟的程度，预定时，服务员或主人会问你生熟的程度。

吃有骨头的肉，比如吃鸡的时候，不要直接用手抓起，要用叉子把整片肉固定（可以把叉子朝上，用叉子背部压住肉），再将刀沿骨头插入，把肉切开，边切边吃。如果骨头很小，可以用叉子把肉放进嘴里，在嘴里把肉和骨头分开后，再用餐巾盖住嘴，把骨头吐到叉子上然后放到碟子里。需要直接"动手"的肉，洗手水往往会和肉同时端上来。一定要时常用餐巾擦手和嘴。

吃鱼时不要把鱼翻身，可以吃完上层后用刀叉剔掉鱼骨后再吃下层。

（3）喝汤时不要啜，吃东西时要闭嘴咀嚼。不要舔嘴唇或咂嘴发出声音。即使汤菜再热，也不要用嘴夸张地吹。要用汤匙从里向外舀，汤盘里的汤快喝完时，可以用左手将汤盘的外侧稍稍翘起，用汤匙舀净就行了。吃完后，将汤匙留在汤盘里，匙把指向自己。

（4）在许多国家，水果会作为甜点或随甜点一起送上。通常是许多水果混合在一起，做成水果沙拉，或做成水果拼盘。

吃水果关键是怎样去掉果核。不能拿着整个水果去咬，有刀叉的情况下，应小心地使用，用刀将水果切成四瓣再去皮核，用叉子叉着吃。要注意别把汁溅出来。没有刀或叉时，可以用两个手指把果核从嘴里轻轻拿出，放在果盘的边上。把果核直接从嘴里吐出来是非常失礼的。

2.妥善处理一些特殊情况

（1）别在用餐时打嗝，如果你忍不住要打嗝时，也记得闭紧嘴别出声，这是一项重要的基本规范。

（2）如果你的牙缝里塞了蔬菜叶子或颗粒式的东西，不要在餐桌上用牙签剔，可以喝口水试试看；如果不行，就去洗手间，这样你就可以用力地

漱口，也可以用牙签。

（3）如果遇到不好吃的食物或异物入口时，必须注意不要发出声音，引起一同吃饭的人的不快，但也不必勉强把不好的东西吃下去。可以用餐巾盖住嘴，赶紧吐到餐巾上，让服务员换块新的餐巾。如果食物中有石子等异物时，可以用拇指和食指取出来，放在盘子的一旁。

总之，用餐时如果我们能遵循以上几个方面，基本上就能做到合乎礼仪了。

兄弟姐妹要讲"让"字

自古以来，中国人都有"谦让"的规矩和传统。而这一点，在兄弟姐妹众多的家庭更是如此，我们先来看下面的故事：

我们都知道孔融让梨的故事。孔融是孔子的第二十世孙，泰山都尉孔宙的第二个儿子。

在孔融七岁的时候，他祖父的寿辰上来访的客人很多。宾客来齐后，便开始上菜，这时，端上来一盘梨，放在寿台上面，母亲叫孔融把它分了。于是，孔融就开始按照长幼的次序来分，而轮到自己的时候，他给自己挑了一个最小的。父亲很奇怪地问："为什么你给其他小孩分的都是大的，却给自己留了个小的？"

孔融从容答道："人们都说，树有高低，人有老少，我们作为小辈，自然要尊敬长辈，这是做人的道理。"父亲听到这一番话很欣慰。

有一次，父亲的朋友来看望父亲，顺道带了一盒梨子，便叫孔融跟兄弟们分了吃了。孔融又挑了个最小的梨子，其余按照长幼顺序分给兄弟。父亲问："这又是为什么呢？"

孔融说："我年纪小，应该吃小的梨，大梨该给哥哥们。"父亲听后十分惊喜，又问："那弟弟也比你小啊？"孔融说："因为弟弟比我小，所以

我也应该让着他。"

孔融让梨的故事，很快传遍了中国。小孔融也成了许多父母教育子女的好例子。

孔融让梨的故事，相信我们都知道，可是在现实生活中，真正做到这一点的人实在不多。其实，有时你不愿意"让"，就是认为"任何东西理所当然都是自己的"，这种习惯其实是在生活中慢慢养成的。谦让也不是我们与生俱来的本能，需要我们在日常生活中逐渐培养。

谦让的第一步，就是要学会与自己的兄弟姐妹分享，这也是家庭礼仪的重要部分。那么，你是否曾经因为不肯谦让或不会谦让，与同学、朋友、家人发生过矛盾？你是否会认为赢过了他人很有成就感？其实，我们都忽略了不肯谦让带来的一些负面影响，不谦让会破坏你们的人际关系。谦让是一种美德，中国是一个有着几千年历史的文明古国，许多启蒙读物如《三字经》等，都把"礼让"作为教育孩子的一个重要内容。因此，我们自己也要始终保持自己礼让的"风貌"："与人方便，自己方便""退让一步海阔天空""荣誉金钱乃身外之物""见利思义"……

要做到谦让，可从以下两个方面着手：

1.认识到谦让在人际关系中的重要性

与人相处，如果事事争强好胜，非得争个胜负，谁也不肯服输，那么，矛盾就会不断涌现和激化。而谦让却能让人们都报以微笑、和睦相处，相比之下，哪种环境更让人舒心呢？

2.学会与人分享

分享，是指将自己喜爱的物品、美好的情感体验及劳动成果与他人共享的过程。"分享"意味着宽容的心，意味着协同能力、交往技巧与合作精神。人生在世，我们每个人都需要和别人分享。分享快乐，分享痛苦，这样对自己有好处的同时，对别人也有好处，也就是我们现在说的"双赢"。

学会与人分享，你会感受到团结友好、谦让和谐、共同分享的快乐。最终你会发现，分享并不是失去，而是一种互利，是双赢。

总之，生活中的任何人，无论是在学校、家庭，还是社会，都要学会谦让，并且要养成相互谦让的良好习惯。让我们从身边做起，从眼前做起，多一份关爱，少一些争执，多一份谦让，少一些矛盾，让生活中不和谐的音符通通消失，用团结互助奏出美妙的交响乐！

在家里举手投足间也要守规矩

"人无礼则不立，事无礼则不成，国无礼则不宁。"早在两千多年前，孔子就提出"以礼服人""以礼治国"的思想。礼仪就是一个人的行为规范，从人的一举一动、一言一行，可以体现出他的修养与素质。因而，一个人的修养与气质往往体现在细节上。

现代人生活节奏加快，许多礼仪举止渐渐被人遗忘。因为生疏不习惯，祖先们留下的一些良好礼节竟然已被视为"繁文缛节"。其实，无论在哪个年代，人们都需要用礼仪来约束自己，更何况中国自古就有"礼多人不怪"的传统。那么，作为现代人，在日常生活中应该遵守哪些礼仪呢？

1.进门、转弯的礼仪

进门时要轻轻揭起帘子，不能发出声音。转弯的时候，应尽量远离物体，避免碰到家具的棱角。生活中，许多年轻人活力四射，走到哪里都弄出很响的声音。其实，这与一个有修养的人是不相符的。现在已经很少有门帘，就更应该轻开门、关门，以免弄出声响打扰别人。要想给他人一个从容稳重的印象，走路拐弯时也应注意远离物体，以免碰到物体跌倒。

2.取物、入室的礼仪

一个人拿着物品行走时要小心，即使拿着的是空的器皿，也要像是盛满物体一样稳重地拿着。到一个没有人的房间里，仍然要像在有人的房间里一样自觉端庄。也许有些人认为这根本没必要，其实，这些要求对于现代人来讲尤为难得。"不欺暗室"，可谓是古人对"入虚室，如有人"的最高境界的表达。

刘向的《列女传·卫灵夫人》中记载，卫灵公一时心血来潮，下令凡是经过宫殿的人，都应在宫门外冲着天子方向鞠躬。刚开始，文武百官和百姓还都会严格遵守。然而，时间一长，人们自然也就有所怠慢。尤其是夜晚时分，城门关闭的时候，更是没有人会这样做。

然而，一天卫灵公与夫人座谈，忽然听到紧闭的城门外传来马车的声音，没过多久，就到达城门前，马车也停了下来。过了一会儿，马车声渐行渐远。于是，卫灵公便问夫人，"你知道这个人是谁吗？"灵公夫人答道："这是蘧伯玉。"听后，灵公便问原因。夫人继续答道："我听说君王要求所有人在城门下行礼，以示尊敬。忠臣与孝子不会因为在大庭广众下就信誓旦旦，也不会因为在黑暗中就改变自己的操守。蘧伯玉是卫国品行端正的大夫，仁而有智，对国家尽忠职守，他是不会因为没有人看到而忘记礼节的。"后来，经过证实，此人的确是蘧伯玉。

这就是"君子不欺暗室"的典故，对于现代年轻人来说，也应该按照这个标准来要求自己。要知道，一个举止沉稳的人，无论手中是否拿东西，都应该保持一种从容的步伐，给人一种庄重的感觉。同样，一个举止得体的人，无论出入有无人之境，都应该自觉自律。像那些在无人的房间里这里看看，那里瞧瞧，甚至翻箱倒柜的行为，都是不妥当的。只有坚持自我约束，才能养成良好的习惯，培养良好的个人修养。

3.做事的礼仪

做事的时候，不要匆忙，否则容易出错。在古人看来，做事从容，态度端正，是君子必须拥有的行为。生活中，有些年轻人做起事来毛手毛脚，或者丢三落四，必然会犯很多错误。甚至有一些年轻人没动手就被事情所吓倒，或过于轻视不屑于动手。其实，这些都是成大事者的大忌。当然，对于现代人来说，做一个有修养的人也必须做到这点。因而，学做一个有修养的人，就要从正确的做事态度开始！

在古人看来，君子不仅要有良好的风度，更应该懂得一些行为举止礼仪。因此，如果你想做个有修养的人，那就从生活中的细节入手吧！

第 02 章

往来知礼数：
懂礼义廉耻，
不讨人嫌

不要随意打扰别人

生活中，我们可能会遇到有求于人的情况，抓住有利时机，才是顺利完成事情的关键。这一点说起来很容易，然而，未必人人都能做到。当然，这里说的有利时机，也就是学会看别人的心情说话办事。试想一下，如果你此时正为一件事烦恼郁闷，别人来跟你说话或求你办事，你自然心里会很不痛快："我自己的事情都忙不过来呢，哪还有心情管你的事啊！"当然，换作别人也会有一样的想法，因而，聪明的人要懂得看别人的心情行事。看看下面的故事，你就该知道时机对办好事情的重要性了。

子禽是墨子的弟子，一次，他向老师请教说话之道。他问道："多说话有好处吗？"于是墨子便答道："那些青蛙、蛤蟆白天黑夜都会叫个不停，叫得口干舌燥，却没有人愿意去听它的，反倒认为它烦。然而，雄鸡在黎明按时啼叫，天下都惊动了，人们却没有一个埋怨的。因而，一个人说话多并不见得就是好事，重要的是能否把握说话的时机。"

子禽听了墨子的一番教导，非常赞同，点头称是。

在子禽与墨子的对话中，墨子用青蛙与公鸡的叫声作比较，告诉子禽，一个人说话能否起作用，关键是看能否把握说话的时机。当然，这一点对于现代社会依然适合。我们身边有许多人说话、办事不顾时间、场合、地点，抑或是整天喋喋不休，废话连篇。其实，这些都是阻碍事情成功的因素。

说话办事看似平淡无奇，实际上也是一门相当高深的学问。如何让对方听进心里，记在心里，并按照你的要求去做，也是相当不容易的一件事。有些人天生性急，见到对方之后根本不管对方心情如何，现在是否有事，便开始按照自己的思路进行，终于等到自己说完了，一抬头，才发现对方今天的心情不是太好，暗叹不妙。当然，也还有一些人根本不顾及别人的拒绝，仍然在那里软磨硬泡。结果可想而知，对方早已被你烦得透顶，碍于面子却无法直接拒绝你，只能沉默不语，或是用几句应付的话来打断。其实，这样的做法对说话、办事的结果都是很不利的。

那我们应该怎样去做呢？

1.平时要多关爱他人，多关注别人的心情

对话是双方交往的一个基础，有对话才能交流，有交流才能产生感情。因而，当一个人忙着或心烦的时候，自然就无暇顾及更多的事情。这个时候，你即使夸奖他，也会让人觉得没意思。那么，你需要做的就是保持安静，给对方多留一点空间。在日常生活中，我们要养成这样的好习惯，在有事要麻烦或打扰别人时，最好先征求一下对方的意见，如说一声："请问你现在方便吗？"

2.学会察言观色，说话办事找到有利时机

一个人心情好的时候，即使是一件很棘手的事情，他也会乐于帮忙。因而，想要达到目的，就要学会观察别人，等他人心情好的时候再去请求，这样会更容易得到他人的帮助或同意。千万要记得，就算你的事情再着急，也

不能在错误的时机处理。这样做不仅对事情的进展毫无帮助，甚至还会给你带来负面效果，到时候可就得不偿失了。

掌握好说话、办事的时机，可以说是每一个人的必修课。有时候，如果时机不对，即使你说得再动听，也还是无法达到预期的目的。因而，说话前先看清时机是很重要的。

打人不打脸，揭人不揭短

在古人看来，礼貌待人更应该表现在善待他人的短处与隐私上。意思是说，他人有短处，不要随便在公开场合说出来；别人的隐私，千万别在外面到处宣扬。古人的尊敬他人体现在行动上，就是不说他人的短处，不传别人的隐私。

当然，关于这一点，不仅在古人看来很重要，现代年轻人更需要这种"打人不打脸，批评不揭短"的精神。随着人与人之间关系的加深，许多年轻人之间说话越来越不讲究，更有一些人专门以"损人"为乐。这种人总喜欢在公众场合挑别人的短处议论，以达到逗乐他人，引起别人的关注为目的。殊不知，你这样做等同于把自己的快乐建立在他人的痛苦之上，是有失道德的行为。更有人整天到处收集他人的照片，然后放在网上供他人传阅，或是把别人的隐私公布在网络上，让大伙都知道，以致严重干扰别人的生活与工作。其实，"揭短"与"说私"都是不道德的行为。

在古人看来，一个有修养的人，就应该尊重他人的短处与隐私，真正做到关爱所有的人。当然，一个人想要做到这一点，必须拥有良好的修养，能够包容他人的缺点，更能宽厚待人才行。也许下面的故事会给你带来启发。

刘宽是东汉华阴人，他为人宽厚，有德量。据说，一次他乘牛车外出

时，遇到一个丢失牛的人上前来认，他便丢下牛车自己走回去。后来，那位失牛者找到了自己的牛，方知误会了刘宽，便上门向刘宽请罪。然而，刘宽却没有怪罪失牛者，反倒是用语言安慰对方："世间相类之物，容易认错，有幸劳你亲自送回，还有什么好谢罪的呢？"邻里乡亲都深表敬佩。

后来，他担任太守一职，处理起事情仁厚宽恕。当时，他手下一名小吏因事犯了过错，要是放在以前，一定会被重重责罚，而且还会弄得众所周知，然而，刘宽却只是用蒲草轻轻打了他几下，以示惩戒就算了。刘宽以性情温良而闻名，据说他从未发过脾气，即使在急迫匆忙之时，也不曾看到他脸色难看、语气不好。他的夫人也深感怀疑，于是，便想用计试探一番。

一日，他刚穿上朝服，收拾妥当打算赴朝会。这时，夫人便命侍婢给他端去一碗汤，并事先嘱咐要故意将汤打翻在他的朝服上。结果，正当侍婢低头等待受罚时，却见刘宽不但没有责怪她，反倒是关心她的手是否受伤。刘宽的宽宏大量竟然能到如此程度。

在这个案例中，失牛者认错牛，让刘宽自己步行回家；小吏出了错，也是由他承担；下人把他的朝服弄脏，他却关心下人是否受伤。这些事情都足以使人愤怒生气，然而，无论是对失牛者、手下的小吏，还是自家的下人，刘宽都是用宽容忍让来对待。古人尚且这样要求自己，作为现代人，我们提倡文明守礼，自然更要以刘宽的精神来要求自己。那么，我们该怎样做呢？

1.无论处于什么情况，都要尊重人，不揭人短

每个人都爱面子，因而，与他人相处时要学会尊重人。哪怕别人的相貌、身高、体重多么与众不同，都要学会尊重人。将心比心，学会站在别人角度上思考问题，你会得到更多朋友。

2.关爱别人，要学会替别人保守秘密，隐私是不容侵犯的

生活中，你可能因为某种特殊原因，了解到别人的隐私。每个人内心都会有不愿意、不能让别人知道的事情，如果你把这些说出去，就是违背了别人的意愿。要知道，泄露别人的隐私是一件很不道德的事情，有时甚至还会被追究法律责任。因而，学会尊重别人也就是尊重自己，从现在起，学会替别人守住这些秘密吧。

关爱他人，并不只是嘴上说说那么简单，体现在实际行动中就是"不揭人短，不说人私"。给别人以尊重，方能获得良好人际关系。

灵活变通，学会"低头"

王阳明有言："士傲命蹇焉。"王阳明一直将越王勾践当作自己的偶像，当他在为人作序时，落款常是"古越阳明子""阳明山人""余姚王阳明"等，他以生为越人为傲，也自然领悟越王勾践善于低头的智慧。当年少倨傲的王阳明遭到父亲的斥责时，他没有昂首怒目，反而以出游为由，考察居庸三关，拜访老人，探访各部落的攻守防御之策，最终写下著名的关于边防军队改革的奏疏，使其军事才能慢慢显现出来。

有人曾问苏格拉底这样一个问题："你是天下最有学问的人，请问天与地之间的高度是多少？"苏格拉底毫不含糊地说："三尺！"问话的人不以为然，接着又说："我们每个人都有五尺高，天地之间只有三尺，那不是要把天戳个窟窿吗？"苏格拉底笑着说："所以，凡是高度超过三尺的人，要想长立于天地之间，就要懂得低头呀。"

苏格拉底简单的几句话，就把人生中的哲理解释得清清楚楚。也许，我们从小就接受着这样的教育，那就是"做一个顶天立地的人"。但是，人生不如意十之八九，在生活中，我们难免会遭遇一些不如意的时候，如果你硬是抬头，只会撞得头破血流。所以，不妨低头看看自己，正确地看待别人，就会跨越一切，赢得属于自己的人生。一个生活的智者，善于在恰当的时候低头，因为他明白，只要低头了就没有解决不了的难题。

古人说："人在屋檐下，不得不低头。"虽然这话语里含着某种委屈，但是这一"低头"却是一种人生的智慧。这里所说的"低头"，并不是低三下四地巴结别人，也不是委屈、被动地低头，而是一种主动低头，这一低头是一种哲理，更是一种对待人生的智慧和境界。在一个错综复杂的社会，也许每个人都或多或少拥有着一些长处，都有着值得骄傲的地方，但是，你不要忘了"天外有天，人外有人"的道理，谁更强、谁更高，这都是相对的。

所以，把自己看得低一点，凡事都要谦虚谨慎，学会低头，放下架子，多听听别人的意见，对自己没有坏处而只有好处。有的人遇到事情就率意而为，处处碰壁，跌跌撞撞地走在人生旅途上。这时候，不妨低下头来，一步一个脚印地走路，有了强健的根基，才会变得枝繁叶茂。"满招损，谦受益"，这是放之四海而皆准的道理，即使自己到了"会当凌绝顶"的高度，也要注意不张扬，不炫耀，低头看清前面的路，只有这样才会踏上顺利的路途。

在一个阳光明媚的午后，一只美丽的蝴蝶欢快地飞舞着，它时而流连在花丛里，时而又徘徊在草地上。突然，它看见了一个打开的窗子，它好奇那是一个什么样的世界。于是，它挥动着翅膀，从敞开的窗子飞进了一个漂亮的房间，它看着新奇而又迷人的世界，飞舞着，跳跃着，不知疲倦地飞着。可是，它感到自己累了，需要休息了，便决定飞出这间屋子，回到清新的大自然。在房间里，它一圈又一圈地飞着，却总也飞不出房间。蝴蝶开始着急了，拼命地往高处飞，不停寻找着出路，好几次差点就要飞出了窗子，却又撞在了窗子上

方的天花板上。它拼尽全力让自己飞得更高、更远。但它哪里知道，只要稍微飞得低一点，就能飞出窗子进入外面的世界。最终，这只一味在高处不停盘旋而不肯低飞的蝴蝶耗尽全力，奄奄一息地落在了地板上。

虽然我们会感叹蝴蝶的愚笨，但在现实生活中，也有很多人像那只蝴蝶一样，遇事不肯低头，结果失去了大好的前程。有时候，我们会提倡"大雪压青松，青松挺且直"的精神，但是当大雪过于厚重的时候，一些枝条也会被压断。当生命的重荷负载过多的时候，不妨学会低头，卸去那份多余的沉重。

韩信曾经低头，忍受着胯下之辱；越王勾践曾经低头，忍受着臣服于吴王的滋味；刘备也曾经低头，屈身恭请诸葛亮出山。他们是生活的智者，所以赢得取与舍的博弈，当他们低头的那一刻，就相信自己一定会获得成功。面对一些事情，我们的能力是有限的，如果硬撑着，只会让自己受到更大的伤害，不如学会低头，为自己争取更多的时间与机会，为成功而做准备。遇到事情，学会低头，这样在人生中就没有过不去的桥，没有跨越不了的困难。

人生是不可能一帆风顺的，总会遇到一些困难与挫折，如果你要想有所作为，"低头"是少不了的。低头并不是一种软弱的表现，而是为了把头抬得更高，变得更有力量。富兰克林就是因为谨记"学会低头，拥有谦逊"这样的处世准则，所以，他后来终成大器，卓有建树，被誉为"美国国父"。在处世过程中，如果一味地刚强，一味地强出头，只会给自己带来一些不必要的伤害甚至是牺牲。假如你在人生路途中总是昂着头，就会看不到脚下的路，也许还会栽跟头。

每个人都需要有一些傲骨，也需要"低头"的勇气，只有做到了刚柔并济，才能更好地保护自己，使自己立于不败之地，最终走向成功。所以，学会低头吧，走过那座桥，跨过那道坎，踏上人生的顺利之旅。

关注自己，莫论人非

在生活中，大多数人总会有这样一个通病：关注自己太少，关注别人太多，而他们所关注的恰恰是别人的隐私。不可否认，好奇心是人的天性，每个人都有窥探别人隐私的欲望。但是，在人际交往中，那些所谓的秘密，还是少知道、不知道为好，尤其是别人的隐私。不如将那些四处打听别人隐私的精力和时间花在关注自己上，看看自己工作是否退步了，生活是否颓废了，如此，你的心灵才会得到前所未有的释放。

如果你知道了他人的隐私，与此同时，你也就有了保守别人隐私的责任。那些告诉你秘密的人多了一份对你的顾虑，担心你会将他的隐私泄漏出去。如果有一天秘密被泄露出去了，即使你根本没有说过，也脱不了泄密的嫌疑，你将成为被排斥的对象。而且，一旦你陷入窥探别人隐私的泥潭中，你将会千方百计地打探别人的隐私，甚至会为某些无意中得到的小道消息而睡不着，纠结、兴奋、痛苦，心里有一种说不清道不明的滋味。然而，你的心灵已经承担了重负，无法轻松起来。

阿美是出了名的"大嘴巴"，她总喜欢跟自己的好朋友分享一些"新闻"，那些"新闻"也就是些家长里短的八卦。阿美总是热衷于这样的话题，似乎看着别人家庭的不幸就是自己最大的快乐。只要一有风吹草动，阿美就急忙约上闺蜜一起谈论这些事情，并在一起讨论、分析。

有一次，她在外面喝茶的时候，偶然看见办公室同事琳琳的老公正与一位年轻貌美的女子喝茶。阿美想起琳琳平时总是心高气傲，还逢人就夸自己老公如何如何能干，现在看到她老公做出这样的行为，阿美不禁暗暗发笑。次日上班的时候，"大嘴巴"的阿美就跟办公室的同事分享了这一"新闻"，正当大家说得津津有味时，琳琳脸色阴冷地走了进来。原来，琳琳在卫生间的时候，正巧听到了阿美跟同事说起这事，到了办公室，又听见阿美在大庭广众之下谈论此事，本来心气就很高的琳琳怎么能容忍整个办公室的人都在谈论自己的老公？

琳琳当天就请假回家了，之后一直没有来上班，有人说她辞职了，也有人说她离婚了。而办公室的同事看见琳琳的遭遇都对其报以同情，而对谈论他人是非的阿美就开始敬而远之了。

像阿美这样总是关注他人的隐私，喜欢在别人背后说三道四的行为，无疑是让身边的人十分憎恶的。一个沉默无言的人，和那些口若悬河、满嘴流言蜚语，甚至口出是非之言的人相比，前者会很好地融入人际交往中，而后者则会成为大家厌恶的对象。

如果你想在人际交往中成为一个受欢迎的人，那么，学会关注自己，千万不要去关注或谈论他人的隐私。不该打听的事情不要去打听，不该说的话千万不要随便乱说，尤其是他人的隐私问题，更需要谨慎对待。即使是你无意中听到了他人的隐私，也不要到处张扬，更不能碰到一个人就说。每个人都需要有一个自由空间，你的尊重或许会换来他对你的信任。

小松性格比较内向，平时在公司也不善言辞，似乎都快被上司和同事忽

略了。他也自得其乐，总是一个人默默无闻地坐在办公室的角落，只专注于做好自己的分内工作。

这天，他把手上的工作做完，已经过了下班时间了，偌大的办公室就只剩下他一人，他一边收拾东西一边哼着歌。突然，他想起来了有一份重要文件还在里面的办公室里。于是，他轻轻地推开了主管办公室的门，门一下子就开了，他却吓了一跳。办公室里，主管正在和太太吵架，他的太太闹着要离婚。小松手足无措，愣了一会儿，赶紧离开了。

第二天，小松装作若无其事地来上班，他一向不喜欢打听别人的隐私，即使无意中知道了，也会缄默不语，而他现在最关心的就是自己那尚未完成的工作。在办公室碰到主管的家庭矛盾，他像什么事情都没发生过一样。

过了几天，办公室并没有出现什么议论，主管也开始重新审视小松的工作能力，并开始慢慢重视他。

虽然，小松无意中知道了主管的家事，但是他并没有把自己的所见所闻告诉其他同事，而是选择了沉默，全身心关注于自己的工作。其实，道理就是这样，有那么多空余的时间去打听别人的隐私，还不如将那点时间充分地利用起来，用在工作上、学习上，那未尝不是一个自我提高的好机会。

学会关注自己，而关于他人的隐私，即使你无意中知道了，最好的方式是三缄其口，把别人的隐私永存心底，忘了也未尝不可。

受人之惠，要学会感恩

从古至今，流传下来许多关于报恩的词句，如"滴水之恩，当涌泉相报""大恩大德，没齿难忘"等，可以说，有恩必报是中华民族自古以来的优良传统。

在古人看来，一个人要做到关爱他人，就要学会时常记得报答别人的恩惠，而那些与人结怨的小事能早一点忘记就应早一点忘记，能尽快放下就要尽快放下才是。相反，报答他人的恩惠却是永远也不能忘记的。然而，现实生活中，在报恩与抱怨中，人们往往更擅长抱怨。其实，这种做法并不明智。

韩信是西汉的开国功臣，然而，他幼时的生活却非常艰苦。很小的时候，他跟着哥哥嫂嫂生活，常常靠着吃剩下的饭菜过日子。

后来，他流浪到河边，以钓鱼为生，时间一长，河里的鱼越来越少，生活也就越发艰难了。一位在河边洗衣服的大娘看到他后，每天都拿出食物与他共享。对于大娘的恩惠，韩信十分感激，说道："您的恩情，我将来一定会好好报答的。"听了他的话，大娘笑着说："大丈夫不能养活自己，我是看你可怜才帮助你，谁要你的报答呢？"韩信不禁落泪，向着大娘重重地磕了几个响头，然后就此离去了。

韩信此去进了军营，在战场上，他纵横驰骋，屡建奇功，成为著名的将领，被刘邦封为楚王。然而，虽然他已经富裕起来，可是他并没有忘记当初有恩于他的那位大娘，于是，他返回老家再次找到那位恩人，奉上千两黄金作为报答。

在这个故事中，韩信因为从小生活艰苦，曾一度流浪在外，孤苦无依，幸得一位大娘好心帮助，才能活下来。对于大娘的恩惠，韩信决心将来一定要好好报答。功成名就后，韩信回到家乡去找寻往日的恩人。韩信作为一代大将，尚能在成功之时犹记得当初的恩情，及时相报，我们更应该向古人学习这种精神。

然而，再看看我们身边，有些人对于别人所给予的帮助或好处，常常认为是理所当然的。也有些人认为小事一桩不值一提，还有人认为只要说一声感谢就可以了，没有必要天天放在心中念着。反倒是和别人有点小矛盾时，往往会耿耿于怀，念念不忘。其实，这种做法并不明智。聪明的人懂得，一个人想要活得快乐，就要学会忘怀伤害，铭记恩惠。

人有四种恩德必须报答。父母之恩是第一个，没有父母的生养，我们就不可能长大成人。师长之恩，位于其次，老师的辛勤教导让我们拥有了知识，懂得做人的道理，给予我们智慧。然后是社会的恩惠，如果没有好的政策，没有安定的环境，我们自然也不可能拥有今天这一切。最后便是他人的恩惠，这些都是我们必须要报答的。我们要善记恩惠，忘却抱怨。通过学习，我们受到如下启示：

1.人生在世，要学会心存善念，人生才能快乐

每个人的一生都会经历失意与得意，无论他人如何伤害过我们，只有放

下心中的仇怨，你的内心才能拥有快乐，你才能体验到人生的美好。因而，做一个聪明的人，对于他人给你的伤害与恩惠，要学会原谅别人的过失，多想着他人曾给你的好处。

2.学会感恩

生活中，对于别人的帮助或付出，我们要学会感恩，及时回报。俗话说："饮水思源。"我们的衣食住行都来自父母、来自社会。要知道，正是他人无私地付出，我们才能拥有丰富的物质生活条件。我们又怎么能不知恩图报，回馈他人呢？

希望每个人都能够铭记他人的恩惠，并及时报答。做一个聪明的人，从现在起，关爱他人，做一个懂得感恩的人，你的人生会变得更加美好！

要平易近人，以理服人

《弟子规》提倡关爱众人，当然，这个众人也包括那些身份、地位低于我们的人。那么，面对生活中那些身份、地位不如我们的人，我们该如何去体现关爱之情呢？《弟子规》中也给出了明确的答案。那就是："待婢仆，身贵端；虽贵端，慈而宽。"意思是说，对待家中的侍婢、仆人，主人应该以端庄的品行态度让他们内心畏服。尽管如此，作为主人还应该体现出宽厚仁慈，表达出你的尊重。

也许有人会认为，这点对现代人来说根本没有必要，因为家中根本没有侍婢、仆人了。可是，这一点也不仅仅局限于家中的佣人，同样还可以用于上司与下属的关系。因而，平等待人、一视同仁，对于现代人也是大有用处的。

吴起是战国时期的军事家、军事改革家。后世也曾有人把他和孙武连称为"孙吴"，由此可见，他的军事才能在历史上令人瞩目。吴起用兵，重在"治"，而不在多，因而，他推举出了严格的"武卒"选拔制度。通过训练，把这些合格的"武卒"变成精锐之师。然而，他治军主张严刑明赏，教诫为先。当然，他同样是这样要求自己的。

他在军队中的威信很高，士兵们都有些敬畏他。尽管在军事上他对士兵严格要求，但在生活上，却总是和最下层的士兵同住同食。身为将军，他每天过的都是艰苦的日子，睡觉不铺席子，行军的时候也不骑战马，而是和士兵们一起自背干粮，士兵们内心都很感动。

有一次，一个士兵的脚下生了疮，吴起知道以后，二话不说，便用嘴为他吸脓。这个士兵的母亲听到后，便号啕大哭。别人都不明白她为什么哭，就问道："你儿子仅仅是个士兵，能够遇到这样好的将军，不是件很好的事情吗？你又为什么要哭呢？"这位母亲听完以后，便痛哭着告诉大家，孩子的父亲当年也曾被吴起给吸去了身上的脓疮，最后战死在沙场上。她怕这样一来，自己的儿子不知道什么时候也会像父亲一样，又将不知道死在哪里。

当然，正是靠着严格要求，同时又关爱士卒的方法，吴起才能使手下的士兵无论到哪里都奋勇杀敌，百战百胜。

在这个故事中，将军吴起无论是在作战还是平日训练中，都要求自己按照士兵的身份来做。通过严格要求，使得全军的士兵对他都心生敬畏。同时，他还懂得关爱士兵，士兵脚下有脓疮，他却不嫌弃用嘴吸去脓汁，让士兵从内心感到折服，自然也就愿意替他效命。这才是真正的智者，也才是真正能够做领导的人。在与士兵的相处中，他不仅懂得树立威信，更懂得关爱下级。这种精神，在追求人人平等的今天更加可贵。一个聪明的领导要知道，无论你的身份、地位有多高，在树立威信时，千万别忘了给予下属必要的关爱，这样才能让人从内心折服。

然而，现实生活中，身居高位而又能够做到这一点的人有多少呢？一些人之所以让人畏惧皆是因为权势在手，如果一旦失去钱、权、势的帮助，又有几人能够真诚地对待他呢？《弟子规》说："势服人，心不然；理服人，

方无言。"意思是说，用权势去压服别人，他人只会面服心不服。用道理服人，才能令人心服口服。

的确如此，依仗着自己的权势去压制别人，可能会让对方嘴上称服，但并不能让对方内心诚服。然而，如果能够晓之以理，动之以情地去说服对方，一定可以化解他人内心的抵触，从而让人对你言听计从。因此，我们受到的启示如下：

1.无论是领导还是雇主，要学会恩威并施，方能服人心

一个人无论身份、地位多高，金钱有多少，都不能表明比别人高贵一些。因此，在对待身边的普通人时，要想树立威信，要先从自己做起。只有自己先树立起良好的形象，才能让人信服。同时，我们也不能忘记关爱他们，关注他们生活中的每一个细节。

2.遇到问题，学会用理去感人，而不是以权压人

聪明的人懂得，在处理某些问题时，不能利用手中的权势来压制对方。要知道，即使再小的事情，如果不能够给予对方足够的尊重，也可能会遭受拒绝。做一个聪明的人，要学会尊重他人，学会用道理、真情去感化他人，唯有以理服人、以情感人，方能让对方心口一致，信服于你。

己所不欲，勿施于人

　　"己所不欲，勿施于人"出自《论语·颜渊》，是孔子经典妙句之一，亦是儒家文化的精华之处。在这里孔子强调的是：人应该宽恕待人，应提倡"恕"道。在古人看来，唯有如此才是爱人。在现实生活中，这种思想仍然可行。人际关系是一个人成功的重要因素，要想拥有良好的人缘，关键之一就是要拥有这种"己所不欲，勿施于人"的精神。

　　官渡之战在即，袁绍拥有北方最强大的势力，这一仗的结果如何，实在让人难以琢磨。于是，公元199年，袁绍率领十万大军进逼许都，当时驻守许都城的是曹操的人马。面对敌强我弱的强大悬殊，曹操的部属们都感到惶恐不安。关中的诸将们对这次战事也持中立观望的态度。当然，也有一些人因为对曹操处境太过于担忧，唯恐战争开始后会有生命危险，因而，早早地暗中与袁绍联系上了，为自己谋好退路。

　　当然，事情也并非大家所想的那样。最后，曹操用奇计、出奇兵，以少胜多战胜了袁绍军。袁绍率领着残兵败将渡过黄河，曹操便派人搜了敌方的营地，当然，那些与袁绍互通的部属们所写的书信也一并给找了出来。看着这些书信，早有二心的几个人内心充满不安，他们不知道会有什么样的惩罚在等待着他们。然而，出乎意料，这些信件曹操看也没看就派人统统烧掉了。后来，有部下问曹操为何不一查到底，看看都是哪些人曾与袁绍勾结。曹操只是说："这些跟我一起出生入死的人，谁家没有妻儿老小，面对着兵力如此悬殊的战事，难免会有人想另谋出路。别说他们了，当时连我自己都没有信心能打赢这场仗。所以，我又怎能去这样要求他们呢。这件事过去就算了，自然也就不用去追问了。"

看到曹操能当着大伙的面把那些书信烧掉，那些有二心的人心中的一块石头终于落地了。当然，他们也为自己曾经做出的事情感到万分羞愧。同时，大伙都赞叹曹操能有如此宽广的胸襟，从那以后，他们对曹操更加忠心耿耿。

在这个故事中，面对力量悬殊的战事，曹操的部下因为对战事没有信心，所以暗中与袁绍书信联系，以谋退路。然而，最终曹操却以少胜多，取得战事的胜利。面对下属的背叛，他却能宽恕他们。在手下的错误面前，曹操不但没有责罚他们，反而原谅了他们的行为，不仅让自己的内心轻松了，同时也为自己争取了更多忠诚的部下。由此可见，学会关爱他人，学会推己及人地宽恕别人，是获得良好人际关系的重要因素。

人们要学会站在对方的立场上思考问题，只有做到将心比心，才能巧妙地处理好人际关系中出现的问题。生活中，我们要如何做，才能使人与人之间变得和谐呢？

1.与人相处，要学会心存善念，关爱他人是根本

人与人的相处，也是心与心的交流。一个人如果能够以一颗真诚善良的心去对待别人，自然可以换来别人的真心相对。因而，与人交往时，我们要学会关爱他人，对他人多一些给予，少一些索取；多一些理解，少一些抱怨。

2.想要搞好关系，贵在将心比心

人心都是肉长的，别人如果对你不好，你自然会心中不快。同样，如果你对别人不好的话，别人也会心存不满。因此，当你考虑如何对待别人时，先问问要是换成自己，会有何感受，再决定你该如何做。

想要拥有和谐的人际关系，就必须学会关爱他人。对待别人，要学会将心比心，方能为自己赢得良好的人际关系。所以，从"心"开始，学会将心比心，做一个关爱他人的人吧！

好借好还，再借不难

日常交际中，我们会遇到因急事而向他人借用物品的时候。别小瞧了这"借"的讲究，稍不注意，很可能会让你吃闭门羹。那么，借还物品都有哪些规矩？

《弟子规》中讲："用人物，须明求；倘不问，即为偷；借人物，及时还；后有急，借不难。"它的意思是说，用别人的物品时，必须先向对方直接求取，如果不经询问便直接使用，即为偷盗的行为。借用别人物品，使用后要及时还给对方，以后再有急事需要向对方借用时，再借起来也就不难。由此可见，对于大家来说，想要做一个有道德、有修养的人，养成良好的借还习惯，才是最重要的。正如古训所言："好借好还，再借不难。"

现实生活中，总有一些人向人借东西时要么不经询问直接就拿走，要么用完后从不考虑对方会不会着急用，私自把对方的物品留下，迟迟不肯归还。当然，也有一些人自己不愿意花钱去买东西，总是张口向别人去借。到头来，弄得他人非常郁闷，反过来还会被说太小气，不够道德等。

借物还物是生活中常见的交际现象。人生在世，谁能够保证不会有求于人？然而，如何借还却是一门深奥的学问。如果能够掌握技巧，相信每个人都可以轻松地获得他人的帮助，以解燃眉之急。反之，很可能一件小小的事情，都会为你的借物之路增添许多障碍。那么，现实生活中，大家在借物的时候，要注意哪些细节问题？

1.借物须经对方批准，方能体现你的诚意

《弟子规》讲："用人物，须明求，倘不问，即为偷。"即使你要向对方借的东西小如一根针，都要事先向对方征求意见，看对方是否正在使用，是否愿意借给你。试想一下，如果你有一件东西，他人不经过你的同意便直接取走，害得你以为丢失而到处乱找，你势必会心生怒气。可能即使他人用后及时归还了，你内心也会有怨气。可见，不问即取会为以后再借之路增添阻碍。何况，在某些情况下，如《弟子规》所讲，如果你不经对方同意直接取走的话，很可能会以偷盗之罪论处。因而，借物之前，先言辞恳切地向对方表明你的困难之处，定会博得对方好感，相信借到物品自然不难。

2.必须在保证的期限内及时还回来，方能显示你的诚信

生活中，有些人借东西后，总等着对方上门来要，有时甚至会避而不见，其实，这些都是不正确的做法。无论你借了钱、物，还是什么贵重的东西，用完之后都应及时归还对方。这一点《弟子规》中也有明确提示，甚至还讲明了这样做的原因。"借人物，及时还；后有急，借不难。"试想一下，你一次两次地借东西不还，或是拖拖拉拉还等对方上门来要，只会让对方心生反感，以后若要再开口来借，对方恐怕不会再相信你的话。因此，借人东西不信守承诺，无异于自断退路。

3.借人东西，应倍加爱护，方能体现你的真诚

生活中，总有一些人拿着借来的东西炫耀自己的人缘，美其名曰："用他是看得起他。"可是使用起别人的东西来，肆无忌惮或毛手毛脚，更别提爱惜有加了。等到还东西时，就开始诉说自己的"不幸"，或是找借口推脱自己的责任，只会惹得物品主人不高兴。如是再二再三，结果可想而知，下

次登门相求之时，势必会遭到对方的婉拒。

4.保持良好的人际交往形象，勿大物、小物都求助于别人

生活中难免会遇到一些以自己的能力实在无法解决的问题，倘若你诚心诚意，必定会得到他人的帮助。然而，如果事无巨细，所有东西都向人开口，大家都会远离你，更别提借物了。因而，一些生活必需品，或用完后无法归还的物品，还是少借、不借为妙，方能为自己博得信誉。

人际交往中，借人物品，如果能够做到有礼有度，自然会为你打开一条通畅的大道。然而，现实生活中，许多人却忽略了这一点，造成了"人情淡薄，借物太难"的尴尬局面。如果能够从以上几方面做起，相信你也可以通过巧借，获得良好的信誉。

第 03 章

说话懂分寸：逢人只说三分话，得饶人处且饶人

逢人只说三分话，七分不必对人说

说话太多往往容易惹祸上身，坦率不是错，但是毫无保留的坦率就不妥了。俗话说，"逢人只说三分话"。还有七分话，不必对人说出，这是一种变通的说话手段，更是一种自我保护的方法。这一点，大家一定要注意。

然然和晓琳是好姐妹，关系一直很好，甚至能一个兜里花钱，可以换穿彼此衣服。用她们自己的话来形容，她们之间可谓无话不说，彼此以对对方没有秘密为坦诚。

有一次，然然向晓琳借了三千元钱，一直没有还。晓琳很多次想问她，但由于关系太好，碍于面子一直没能开口。时间一长，然然也忘了这事。晓琳心里想着然然肯定是不想还了，因此，两人之间话越来越少了，关系越来越疏远。

晓琳把然然借她钱的事告诉了其他的好朋友，说是然然故意不还她钱，为人不好，让其他人也要注意然然。还向别人说了些然然其他不为人知的秘密。

一来二去，这些话传到了然然耳朵里，然然听说后很是不舒服。认为晓琳这是在背后中伤攻击自己。她找到晓琳，把钱扔在她面前，并说了让晓琳很伤心的话，还要找出传话的人一起对质说清楚这事。最后闹得两个无话不说的好朋友见面如仇敌。

这个世界没有你想象得那么大，更何况是对着熟悉对方的人谈论另一个人呢？当你肆无忌惮地吐露你的不满时，你们之间的情谊也就临近终点了。

其实，"见人只说三分话"，并不是说要完全封闭自己，这只是一种保护自己的手段，是一种可以变通的说话方式，它要求先看清对方，再选择说几分话。若是知己之人，或对方是一个坦荡的君子，自然可以推心置腹，否则说话没有保留就会伤害他人、伤害自己。

1.对于小人，尽量不说

世界上充满了斗争与矛盾，正所谓"易退易涨山溪水，易反易覆小人心"。身边充满了陷阱，说话稍有不慎，便有被套进去任人宰割的危险。重要的信息最好一句都别透露，否则吃亏的就是自己。

2.少说多听，礼貌又不失言

在社交场合中，少说多听是一条永恒的法则。能说会道固然会让你吸引很多目光和关注，但是也可能会让你陷入多说则多错的境地。所以，一定要管好自己的嘴巴，少说多听也是一种智慧。

3.不同的人，不同的对待方式

对待不同的人，说话做事一定要有区别。逢人只说三分话，这三分都是真话，那七分不说的，也是真话。未可全抛一片心，抛出来的是真心，藏在心里的当然也是真心。所以在为人处世的过程中，我们可以忠厚，但绝对不能当傻瓜。

逢人只说三分话，不是不可说，而是不必要说的话不要说。善于处世的人，说话圆滑而保守，是不必说、不应该说的缘故，绝不是他不诚实，更不是狡猾。因此，换句话来讲，说三分话是一种修养。此外，说话必须看对方是什么人，如果对方不是可以尽言的人，我们说三分话就已经足够了。

得饶人处且饶人，有礼也要让三分

"得理不饶人，无理搅三分"，这是一些人常犯的毛病。如果生活中喜欢把一件不足挂齿的小事复杂化，不仅会把上司或同事搞得下不了台，还会给人留下固执、小心眼的印象。所以，对一些非原则性的问题，即使得理也不妨饶人，这样不仅可以化解矛盾，更可融洽人际关系。

在杂志社里，黎贝贝算是很能干的员工，工作能力很强。但是，每年同事对她的综合评分却不高。究其原因，是黎贝贝不被同事喜欢。主管陈康一直不理解是为什么，直到有一天，陈康才明白其中的原因。

这天中午休息的时候，李磊和同事王勇在办公室玩闹。李磊一不小心将一些水正好泼到黎贝贝的文件上，黎贝贝见刚做好的文件被弄湿了，顿时火冒三丈，怒冲冲地向李磊追去，一把拉着李磊："你看看，我做了好久的文件，刚写好，就让你弄成这样，这让我怎么交给经理呀？"

一些同事也都说李磊和王勇在办公室里打闹太不像话。

李磊也意识到了自己的错误，连忙放下水杯向黎贝贝道歉，黎贝贝哪肯接受，依然火气冲天地说："一开始你为什么不主动向我道歉？"

"当时王勇追我追得很紧，我……"

"我没兴趣知道你们的事，我问你当时为什么不向我道歉！"黎贝贝打断李磊的话。

被黎贝贝这么一说，李磊窘得满脸通红，很小声地说："那我现在再次向你道歉还不成吗？"

"你的道歉就那么值钱？你也不看看我的文件，被你糟蹋成什么样了！这可是我加班赶出来的呀。"黎贝贝指着文件对李磊吼道。

看到黎贝贝得理不饶人的架势，场面整个僵住了。

这时，李磊说："要不，我帮你重做一下吧。"

"谁要你帮了，让别人帮我不习惯！再说，这是我的工作，你能做得好吗？"黎贝贝仍然不依不饶。

听黎贝贝说罢，李磊一句话都说不出来。一旁的王勇出面主持公道："黎贝贝，李磊弄湿了你的文件没有及时向你道歉，是他不对，可人家现在不是向你赔不是了吗，而且他想帮你重做，我看都是同事，就算了吧。"这时旁观的同事也附和着。但黎贝贝还是觉得心理不平衡，又要拉李磊去陈康那儿说清楚。无奈，两个人来到了主管陈康面前。了解情况后，陈康按照不准在办公打闹的公司规定，给予李磊一百元罚款处理。

事后，王勇愤愤不平地说："一点道理都不讲！"其他同事也觉得黎贝贝太过分了。就连平时和黎贝贝相处不错的同事都说黎贝贝"太小心眼了"。

后来，因为不能和同事和睦相处，黎贝贝向老板提出辞职了。

切记，给对方一个台阶下，少讲两句，得理饶人。否则，不但消灭不了眼前的"敌人"，还会让身边更多的朋友疏远你。得饶人处且饶人，为对方留点面子和立足之地，这并不是很难，而且如果能做到，还能给自己带来更多好处。

在社交中，如何才能做一个有修养、有道德、怀揣道理但不蛮横的人呢？我们可以从以下几点来要求自己：

1.为自己的粗鲁而羞愧

从提升气度的角度来说，得理不饶人是一种粗鲁的行为。遗憾的是，在我们身边，总是有很多人觉得这是一种理所当然的行为，甚至这些人还得寸进尺、变本加厉，要求对方按照自己的要求来做事情。所以说，我们要从心理上避免这种行为，不要把事情做得太绝，要懂得自己是一个有修养的人，而不是蛮横无知的粗人。

2.以大局为重，不斤斤计较

"将要取之，必先予之"，这也是一种高明的处世哲学。凡事以大局为重，不去斤斤计较。什么事，大度一点，糊涂一点，想开一点，也就不是委屈了。如果实在是想不通，太委屈了，就去全神贯注地，甚至是拼命地去做一件事，烦恼也就弃之九霄云外了。

3.尽量与对方委婉沟通

即使是在比较严重的问题上，也应尽量用委婉一些的方式跟对方沟通，以防止矛盾再次激化，隔阂继续加深。得理也要饶人，退让并不是逃避，批评也要能让人接受，这样才能达到大事化小、小事化无的双赢效果。

"有理走遍天下，无理寸步难行"，这句话固然没有什么不对。但有的时候，有理也得让一步。所谓"退一步海阔天空"，只要我们肯让一步，相信对方也不会胡搅蛮缠。如果我们总仗着有理，非要将对方逼入绝境的话，那么最终可能损害自身的利益，这样就得不偿失了。

感谢之言挂嘴边

在生活中，我们经常听到诸如"谢谢您""多谢关照"之类的话。这样的话可以向别人表示感谢，能拉近人与人之间的距离，建立融洽的人际关系。这些感谢语本来没有什么，但是一经说出，却产生了显著的效果，它缩短了与他人之间的距离，从而使交往变得更顺畅。朋友们，在与人交谈的过程中，请记得多说一句"谢谢"，因为这一句感激里面也暗含着一种赞美。

王海洋在五年前还是基层车间的一名钳工。后来，厂宣传科的科长李涵见王海洋文笔不错，顶着压力将王海洋调进宣传科当了宣传干事。

两年后，王海洋被抽调到厂办当了秘书，而且颇受厂长赏识。王海洋对李涵的知遇之恩一直牢记在心。

李涵和王海洋在工作中常常碰面，王海洋总是面带微笑，热情主动地和李涵打招呼。王海洋常常在背地里对别人说起李涵对自己的恩惠，自己又是如何感激李涵。

有时由于工作原因需要和李涵同在一桌招待客人，王海洋除了向李涵敬酒外，还公开说自己是李涵一手培养起来的，自己十分感激李涵。

王海洋在节假日还经常与李涵进行感情交流，或向李涵讨教写作经验，或到李涵家和他下棋。李涵也逢人便夸王海洋是好样儿的，两人的感情与日俱增。

常说"谢谢"，会使人变得有礼貌、有教养，对自己身心的健康发展也是有好处的。科学研究表明，生活态度积极向上，处处心怀感激的人，除了拥有更高的幸福感、更加健康的身体外，与人相处也更加融洽。感恩使他们有着积极乐观的生活态度，面对压力与困难时也能平稳度过。

其实，别人帮了你的忙，好好地表示谢意是最基本的礼貌，倘若不懂得这一点，势必无法尊敬对方。试想一下，人家辛辛苦苦地费劲帮了你的忙，连你的一句谢谢都换不来，假若是你，心里会作何想？

1.感激之情，请及时表达

感谢的话要首先说出来。当接受朋友恩惠或帮忙时，千万不要存有"感激之言留着以后再说"的心理，唯有懂得适时表达感谢之意的人，才能于所到之处皆受人喜爱，受人欢迎。

2.要讲出具体内容

握着对方的手，脸涨得通红，一个劲儿地甩人家的手，口里连声说："谢谢，谢谢啊！"也许你在电视上常常见到这样的场面，但别把自己也弄成这样。握着对方的手，微笑着说"谢谢你，今天为我的事跑两趟了"，这就可以了。

3.知恩图报，让善意传承下去

得到了别人的帮助，一定要记得回报。回报的方式可以是多种多样的，既可以在别人需要帮助的时候尽力帮助他，也可以将善意回报给社会，帮助其他需要帮助的人，将善意传承下去。

答谢是对别人的好意或某种高尚行为的一种回报，也是对他人的一种赞美。当别人为你做了一件哪怕是微不足道的小事，通常你也要说声"谢谢"。尤其在办公室里，假如你的领导或同事帮助了你，你一定要懂得感恩，及时向对方表达谢意。

嘴上把好门，关系再近说话也要有分寸

　　姚太太和严太太是邻居。姚太太是本地人，严太太刚搬来大约三个月。两个人的认识是从他们的孩子开始的，由于两个孩子经常一起玩儿，于是她们两个也逐渐熟悉起来。说来也巧，她们的爱好也很一致，渐渐地，关系越来越好，可以说是无话不谈，大有相见恨晚之意。谁家有什么事，另外一家必定出来帮忙。其他邻居还经常开玩笑："你们俩啊，关系好得都快赶上亲姐妹了，整天形影不离，当心你们老公不乐意。"这只是一句玩笑话，她们都为自己有一个这么好的朋友而感到高兴。但自从发生了一件事后，一切都变了。

　　那天，严太太在骑电动车上班的路上，不小心被一辆小汽车给撞了，左腿骨折，幸亏及时打了急救电话被送到医院，不然可能会因失血过多而有生命危险。

　　在住院的第二天，姚太太就买了很多水果、煲了鸡汤来到医院看望自己的好朋友。进门后，姚太太就扯开嗓子说："天哪，我的姐妹是不是走了？"严太太一听，本身就全身疼痛的她立刻觉得很不舒服。虽然她知道姚太太平时爱开玩笑，但这个玩笑实在不好笑。

　　这时，姚太太继续说："上次我还跟你们家先生说，该买辆汽车了，电动车太危险了。不过人要出车祸，就是开飞机，也是一样要出事。"姚太太的这

番话，让严太太更不舒服了，好像她要表达的是严太太注定要倒霉似的。

接下来，严太太口气冷冷地说："姚姐，我身体有点乏了，想睡会儿，医生说我不适合喝鸡汤，你把东西带回去吧。"姚太太一脸愕然，不明白严妹妹这是怎么了。不过她看到躺在病床上的严太太已经把脸转过去了，就只好走了。

自从这件事后，严太太再也没来找过姚太太，姚太太主动联系她，她也找借口说自己有事。后来，两人的关系也就慢慢淡了，见面连招呼也不打了。

与人交往要坦诚，对于普通朋友如此，对待亲密的朋友更应如此。但是有一点大家需要明白，所谓坦诚，也要坦诚得有分寸，要有度，要讲效果。朋友之间，将"胸无芥蒂，无话不说"作为交往中总的准则是不错的。但是，坦诚也应留有余地，关系再好的朋友在人前也要把握好说话分寸，不能因为关系好就无所顾忌。如果你不懂得给自己的嘴巴把好门，那不知哪天，你们的友谊说不定就会破灭。

那么，对于自己的好友，我们该如何把握好相处的分寸，避免关系破裂呢？

1.不要触碰好友的底线

每个人的内心都有自己的底线，底线是人们设置的保护自己的最重要防线。如果你轻易地去触碰他人的底线，那么，很可能会使他人伤心或发怒，由此导致关系破裂。因此，不要触碰他人的底线。

2.不做"零距离"好友

距离是一种美，也是一种保护。朋友之间，需要保持一定的距离。无论是怎样的朋友，无论关系多么密切，距离都是如此重要。友谊要用心去经营，要有一定的艺术性。

3.隐私问题不可忽视

每个人都有自己的隐私，一般来说，人们总是喜欢把不想被外人了解的心里话告诉自己的好朋友、好闺蜜，这时候，不管你们关系如何，你都要记得守住对方的秘密，也不要拿他的秘密开玩笑，否则有一天，你们连朋友都做不了。不宣扬他人隐私是一种好的道德品质，这能反映出一个人的修养，希望大家一定牢记。

社交处事不可不会的客套话

中国是一个有着悠久历史的国家，是一个礼仪之邦。从心理学的角度看，人们都喜欢与知晓礼数的人交谈。而会不会说客套话，不仅是一个人懂不懂礼数的重要表现，更是一个人社交能力的体现。不仅如此，客套话可以说是敲开陌生人内心大门的一种方式。与人见面之初，往往可能陷入无话可说的尴尬场面。这时，你不妨以一些"客套话"开头，例如，"天气似乎热了点"或者"最近忙些什么呢"。虽然这些"客套话"并不重要，然而，正是这些话才使彼此免于尴尬的沉默。

在古典名著《红楼梦》中，就有许多经典的客套话。在"刘姥姥进大观园"一回中，刘姥姥找到周瑞的娘子时，两人就用了许多客套话来进行寒暄。

周瑞娘子迎出来问："是哪位？"刘姥姥忙迎上来问道："好呀，周嫂子！"周瑞娘子认了半天，方笑道："刘姥姥，你好呀！你说说才几年呀，我就忘了。请家里来坐罢。"刘姥姥边走边笑道："你老是贵人多忘事，哪里还记得我们呢。"来至房中，周瑞娘子命小丫头倒上茶来吃，再问些别后闲话后，又问刘姥姥："今日是路过，还是特来的？"刘姥姥便说："原是特来瞧瞧嫂子你，二则也请请姑太太的安。若可以领我见一见更好，若不能，便借嫂子转达致意罢了。"

在这段对话中，刘姥姥与周瑞娘子说的大部分都是客套话。刘姥姥通过一番场面话，让周瑞娘子觉得，刘姥姥虽然是个出身寒酸的人，但还是很懂礼数的。之后双方再聊起正题就显得亲切许多，自然，周瑞娘子也会给刘姥姥一个见主子的机会。一些本来不好开口的话，经过场面话的客套之后，听起来就舒服多了。因此，在交际过程中，一定要重视客套话的作用，特别是当你与陌生人或不熟悉的人交往时，客套话无疑是拉近距离的第一把钥匙。

在交际过程中，经常使用客套话，可以消除陌生心理，促成彼此间的良好交往。正如培根说过的："得体的客套和美好的仪容，都是交际艺术中不可缺少的。"所以，会交际的人应当像司机精通交通规则一样，熟悉和掌握好各种客套话。

一般来说，"客套话"有以下两种：

1.当面称赞人的话

诸如称赞小孩子可爱聪明，称赞女士的衣服大方漂亮，称赞某人教子有方……这种场面话所说的有的是实情，有的则与事实有一定的差距。这些话虽然难免夸大其词，但只要不太离谱，听的人十之八九都感到高兴，而且旁人越多他越高兴。因为事实上，每个人都愿意听赞美的话，尤其是公开赞美的话，对方接受起来也更乐意。

2.当面答应人的话

和陌生人交往，如果对方希望你帮什么忙，即使你不能帮忙，也不要当面拒绝，因为场面会很难堪，而且会得罪人。你可以说一些场面话，诸如"我会全力帮忙""有什么问题尽管来找我"等。给足对方面子，不至于让他下不来台，他也会觉得你是个顾全大局的人。

另外，我们要记住一些特定场合下有针对性的客套话。比如，在打扰别人或者给对方添麻烦时，要真诚地说一声"对不起""不好意思"，一旦没有了这句话，对方可能很长时间还对此事耿耿于怀；在求人办事后，要真诚地说声"谢谢""拜托您了"，如果没有这句客套，对方会认为你求人的态度不够真诚，或者认为你不懂礼节，对你的印象大打折扣；在作报告或者讲话时，可以先说"我的讲话水平不高，讲得不好，还请大家见谅""如果讲得不好，还望大家多多指正"……这类客套话表面上看似是随口而出，实际上确实起到了表现自身涵养的作用。

下面是一些特定场合的客套话：

（1）初次见面说"久仰"，久别再见说"久违"。

（2）未及欢迎说"失迎"，起身告别说"告辞"。

（3）等候宾客说"恭候"，客人到来说"光临"。

（4）看望他人说"拜访"，请人勿送说"留步"。

（5）请人办事说"拜托"，盼人指点说"赐教"。

（6）求人帮忙说"劳驾"，请人解答说"请教"。

（7）求人方便说"借光"，麻烦别人说"打扰"。

（8）陪伴朋友说"奉陪"，中途告辞说"失陪"。

（9）向人祝贺说"恭喜"，赞赏他人说"高见"。

因此，在与陌生人说话的时候，我们需要掌握一些"客套话"，在三言两语之间，就能轻松让对方为我们打开心门！

千百年来，人们在与人打交道的时候，都有一套约定俗成的套路，其中就包括客套话。我们无论在工作还是生活中，都免不了要与各种各样的人接触，学会客套就显得尤为重要。

开口说话，须以诚信当先

只要开口说话，诚信是最为重要的。在古人看来，与人交谈，最重要的就是说话的内容必须保证真实，这也是为人处世的根本。当然，对于这一点，现代人也是必须遵守的。开口说话，须以诚信当先。

纵观历史，古往今来，多少仁人志士都是因为说话做事讲诚信，为自己建立了良好的名声和事业。然而，随着社会的发展，在利益的驱使下，有些人不惜改变自己的做人原则，处处奉行见机说话、溜须拍马之类的行为。到头来，弄得大家彼此心存怀疑。其实，无论从什么角度来讲，这些行为最终都将导致个人的信誉受损，若推而广之，甚至会影响社会的发展与进步。因而，说话讲究诚信是我们必须遵守的道德准则。

晏殊是北宋时期有名的词人，他曾在十四岁的时候就被冠以神童之名，推荐给皇帝。于是，皇帝便决定让他与一千多名进士同场参加考试，以判断他的真实能力。谁想到，试题发下来一看，上面的题目都是他刚刚训练过的，如果他不言语的话，凭着这份试卷，势必会取得一个好成绩。然而，晏殊并没有如此做，他认为这样一来，即使取得了好成绩也会有愧于自己的内心，他主动提出要重换一份试卷来考。新的考卷也没有难倒他，没多长时间，他便洋洋洒洒地写出了一篇气势恢宏的作品。皇帝见此情形，不仅夸他

才学高，而且称赞他做人讲诚信，便封他为官。

后来，真宗皇帝提升晏殊为辅佐太子读书的东宫官。许多大臣感到惊讶，不明白皇帝为什么会做出这样的决定。原来，事出有因，当时正值天下太平，文武百官自然也就没有什么要事需要处理，便形成了郊外游玩或吃喝玩乐的风气，皇帝便派人明察暗访。派去的人回来向皇帝回道："唯有一个人没有这么做，他只是足不出户，闭门读书。"这个人便是晏殊。皇帝立刻召集群臣，当着大家的面，大加赞扬他的行为，这要是换了别人的话，也就只有"谢主隆恩"之类的话，当然，免不了还要自我夸奖一番。然而，晏殊却不紧不慢地答道："回禀皇上，臣其实也是一个爱吃喝玩乐的人，然而，无奈身上没有闲钱，也只有以书为友。如果我要是有钱的话，恐怕早就参加游宴去了。"听了他的话，皇帝不仅没有怪罪于他，反而因为他能在这种场合下讲出实情而更信任他。最后，他便理所当然地成了陪太子读书的合适人选。

在这个案例中，晏殊两次都能讲出实情，最终为自己树立了诚信的形象，同时也深得真宗皇帝的信任。无论是讲出考题的真相，还是道出不参加游宴的真情，不仅没有让他的形象受损，反而更为自己的成功打下坚实的基础。由此可见，在人际交往中，能够诚信待人的人一定可以在社会上树立良好的形象。那么，在与人沟通时，我们要如何做到诚信待人，以信赢人呢？

1.端正说话态度，严格要求自己是根本

俗话说："君子一言，驷马难追。"现实生活中，有些人与外人在日常交谈中，通常能够严格要求自己。然而，一旦涉及一些别人无法知道的内情或是其间存在着利害关系时，则可能会在利益的驱使下，做一些违心的举

动。其实，真正的诚信待人，不仅要求大家对一些众所周知的事情实言相对，对于那些他人无法洞悉到的内心话，更应该如实说明。

2.要树立良好的形象，言行一致，说到做到

现实社会中，一个人讲诚信，不仅要以诚示人，以真话示人，还要学会信守承诺。答应了别人的事情，无论多么艰难，都要严格要求自己，履行诺言，方能为自己树立良好的形象。其实，讲究信用，不仅体现一个人的道德观念，更是无形的财富。

说话讲究诚信，关于这一点在《论语》中也有提到："人而无信，不知其可也。"在古人看来，一个人如果失去了诚信，那么，注定什么事情都不可能成功。因而，诚信不仅是一个为人处世的行为准则，更是当代人成就事业的必需品。做一个讲诚信的人吧，如果能够做到这点，相信你会有不一样的人生。

谨慎言行，不要花言巧语、污言秽语

与人交谈时，一个人想要会说话，只讲信用是远远不够的。良好的表达技巧，还包括对说话的内容多与少和粗与细等问题的把握。说话的时候，说得多，不如少说一点，说话还要讲究实事求是，绝不能坑蒙拐骗。其实，关于说话多少的问题，《论语》中也有提到："君子欲讷于言而敏于行。"意思是说，一个人要少说话，多做事。因而，想要巧妙地表达出自己的意思，大家应该做到谨言慎行，实事求是才是关键。现实生活中，大家可以关注以下几点：

1.掌握说话多少的分寸，方能不失言

生活中，有些人总喜欢说起话来滔滔不绝，其实这样做很危险。在你口若悬河的表达之中，很容易出现一些错误。当然，也许放在现代社会，失言并不见得是一件多么可怕的事情，可是，放在古代的环境之下，很可能因为失言而步入亡国丢命的地步。因而，对古人来讲，要做到谨言慎行，能少说就少说，才是避免"祸从口出"的唯一途径。

贺若敦是南北朝时期北周的军司马，因其领兵有方，在很多战役中都取得了胜利，他便有些自满起来。转眼望去，与自己同时参军的人都当上大将军了，可是他却依然处在军司马一职，不觉内心不服，他认为自己带兵打仗

的能力不亚于任何人，因此憋了一肚子气。

在与陈朝军队交战的湘州之役中，贺若敦拼尽全力，全军而返。原本以为，他一定会因为没有人员伤亡而受赏，然而他却被上头责以"失地无功"，将他除名为民。听到使者传来的口谕，他内心自然愤愤难平，于是便忍不住发起牢骚，结果可想而知，他因惹怒了上级，最后被逼自杀。临死前，为警示儿子，他用锥子刺破了儿子的舌头。

然而，很可惜，他的儿子贺若弼并没有汲取父亲的教训，尽管也曾立下了汗马功劳，可是，他对于自己没能受到重用而心生抱怨，最后也为自己带来牢狱之灾。

在这个历史事件中，贺若敦父子两人面对自己的不公待遇，都是满腹牢骚之言。最终，一个被逼自杀，一个虽没有因牢狱之灾而死，却终生未再受用，一切皆是因为他们说话不谨慎、不懂得说话的技巧。由此可见，谨慎言行，对每个人都是很重要的事情。面对生活中的不公或某些事情，要做到能少说，则少说，方能为自己化解灾祸。

2.说话确保真实，但也要讲究艺术

说话时要讲究实事求是的态度，不能借用一些花言巧语来骗取对方的信任。季羡林曾说过："假话全不说，真话不说全。"这可谓季老先生一辈子的处事格言。它包括两方面的意思：第一，与人相谈要做到实事求是，不能说假话，方能体现你的诚信原则；第二，在前者的基础上，还要注意哪些真话该说，哪些真话不该。生活中，并不是所有的场合都适合实话实说。遇到那些不能直说的实情时，要学会采用一些委婉的表达方式。

3.培养良好的表达习惯，还要注意杜绝说话时不文明、不礼貌的行为

一个人想培养良好的说话习惯，还要注意避免那些不文明的表达行为。那些用心不正的花言巧语、肮脏下流的语言，充满市井味儿的庸俗话，都是需要大家戒除的。一个人想要拥有优雅的谈吐，不仅要注意说话的形式，更要注重你所使用的词语是否得当，语气是否妥帖。

良好的语言技巧，需要从以上几个方面努力才能养成。如果你也想成为能说会道的人，想要通过语言来感化对方的话，不妨按照这几个要求来做，相信你一定会大有收获。

第 04 章

穿戴合礼仪：着装和仪态透露出品位和修养

养成良好的卫生习惯

从古至今，我们都有晨起盥洗和饭前便后勤洗手的好习惯。一个人保持良好的卫生习惯，不仅能够决定他的外在形象，还会直接影响他的身体健康。因而，养成良好的习惯是拥有健康身体的基础。

世界卫生组织强调："健康不仅是没有疾病和病态，更是一种个体在身体上、精神上、社会适应上健全完好的状态。"由此可见，一个人想要拥有健康的体态，就必须养成良好的生活习惯与生活方式。老话说："病从口入"，想要从根源上解决问题，保持良好的卫生习惯是预防疾病的根本途径。

当前社会，人们的生存环境发生了变化，人类的身体也在不断遭受病菌的袭击。然而，无论面对哪种疾病，只要能够保持良好的卫生习惯，就可以在一定程度上增强机体抵抗病毒的能力，打造健康的身体。

良好的习惯是需要长期的、反复的行为锻炼才能形成的。日常生活中，良好的生活习惯应该从早晨起床开始。起床后，做好个人的清洁卫生是关键，刷牙、洗脸是保证健康的最基本习惯。可别小看了这两件事情，这并非所有的人都能够做到。要知道，科学地洗漱有利于养生，关注细节问题，健康的身体应从"冷水洗脸，温水刷牙"做起。

洗脸是日常护肤的最基本一项，而冷水洗脸则是一种健康的习惯。尤其是在寒冷的冬天，用冷水洗过脸后，不仅可以使人精神焕发，还可以刺激面部的血液循环，改善面部皮肤组织，起到美容的功效。

当然，古人因为受条件的影响，并没有牙刷这样的东西，只能用漱口来解决。现如今，牙刷是用来保持口腔清洁的主要工具。在刷牙时应使用温水，可以起到健牙固齿的功效。口腔专家研究表明，用35摄氏度左右的温水来刷牙或漱口，既有利于口腔的新陈代谢，还有助于清除口腔里的细菌与食物残渣，从而达到护牙洁齿、减少疾病发生的效果。

早在古代，人们就知道通过清洗双手来预防疾病。双手可谓是人体活动的"外交器官"，许多活动都离不开它的参与。正因如此，手更容易在活动的过程中沾上许多病原体微生物。科学家研究发现，一只没有洗过的手，含有4万~40万个细菌，尤其指甲或指缝的位置，更是细菌的藏身之地。如果再用这样的手去拿东西的话，很容易把外界的病菌带入体内，造成人体的不适。

当然，洗手也是有讲究的，不同的洗手方式，效果也是不同的。用流水洗手的话，可以洗去手上80%的细菌，为了达到彻底清洁的目的，洗手时还应使用洗手液等用品。同时，洗手时间应超过15秒。当然，如果用盆水洗的话，不能几个人同用一盆水，这样很容易造成交叉感染，相互传播疾病。

当然，养成良好的卫生习惯还包括：勤剪指甲，勤换衣物，勤洗澡等。

生活中，细菌无处不在，在活动或劳动时，手上容易沾上细菌。人们常说："菌从手来，病从口入"，就是这个道理。想要解决这一难题，必须养成勤剪指甲、勤洗手的习惯，才可以从根源上降低细菌感染的概率。当然，除了这两点外，还应注意勤洗澡，去除人体的异味，才能在人际交往中给他人留下良好的印象。

注意仪容仪表，避免邋遢形象

《弟子规》中讲："冠必正，纽必结；袜与履，俱紧切。"意思是说，帽子要戴得端端正正，衣服的纽扣必须扣上。袜子和鞋都应贴身系紧，这样方能给人一种整洁、端正的形象。当然，用在现如今的人身上，则要求大家要注重仪容仪表，才能在人际交往中给人一种稳重端庄的形象。

现如今，我们生活的时代也与古人的环境大不相同。无论是服装与鞋袜的材质、颜色或是款式，都大不相同。然而，无论处于什么年代，对一个人的仪容仪表要求却是相同的，那就是整洁、端庄，唯有如此，才能给人一种沉稳大方的感觉。

鲁哀公十五年，卫国发生战乱，太子蒯聩出亡后，再次回到卫国时便发生了这场战乱。当时负责全城守护工作的是他的外甥，名叫孔悝。太子蒯聩为了组建自己的势力，一心想拉拢孔悝，寻求对方的协助。然而，孔悝畏惧国君的权力，没有答应。太子一怒之下，便直接挟持了孔悝，因而，卫国的局势变得异常紧张。子路正是被挟持的孔悝手下的一名朝臣，孔子的另一名学生子羔同样身为朝臣。看到局势的变化，子羔及时逃离了卫国，行至途中碰到正要返回卫国的子路，子羔劝子路逃命要紧，然而，耿直的子路坚持要回到卫国。

子路回去后，亲自找到太子质问缘由，并扬言如果太子敢杀了孔悝的话，他会马上找人继承孔悝之位，且势不与他结盟。除此之外，子路还对外宣称太子是一个胆小鬼。太子最终被惹怒了，便派石乞和盂黡去杀害子路。显然，子路并不是两人的对手，没过多久就败下阵来。在激斗中，子路的帽缨断了，在这紧要关头，子路却说道："君子死，冠不免。"他便停下来整理自己的帽子，也正是趁着这个时机，对方结束了他的性命。临死之前，子路都还记得把自己的帽子带系好。

这就是著名的"结缨而死"的典故，子路作为孔子有名的弟子，一个非常有才华的人，最后死在帽子上。也许后人看了未免会耻笑子路的愚蠢。然而，这不正体现了古人对仪容仪表的注重吗？可现在一些年轻人追求个性或过于懒散的穿着习惯，这有悖于礼仪的要求，会给人留下不好的印象。

古人云："文质彬彬，而后君子。"由此可见，一个人只有穿着讲究，才符合君子的做法。无论何时，一个人都要注重自己的外在形象，唯有如此，才能给人一种良好的印象。那么，在生活中我们应该如何要求自己呢？

1.要选择得体的服装来体现个人的修养

服饰是内在美与外在美的结合与统一，一个人选择什么样的衣服将直接体现他的修养与魅力。因而，无论你选择的服装新旧与否，都必须保持干净整洁。试想一下，一个整天穿着满身污垢的衣服的人，肯定不会给人留下良好的印象。同时，你所选择的衣服必须与身份、时间、地点等要素相符合，只有这样才能称得上是得体的服饰。

2.要注意穿着的细节问题

同样是一件衣服，如何才能穿出气质与魅力来，也是需要注意的。想

要让你的服装更显气质，就要注意细节问题，衣帽穿戴整齐，纽扣和拉链等都要弄好，才能给人一种整齐、舒服的感觉。当然，就连袜子和鞋也不能忽视，都必须穿戴整齐。

养成保持良好仪容仪表的习惯，不仅可以体现出一个人的修养，同样还可以在人际交往中给对方留下良好的印象。这些，对于一个人的成功有着重要的意义。

衣帽鞋袜不乱丢

现实生活中，有一些人总爱把衣物乱丢乱放，回过头来，需要用的时候往往找不到。有时，即使经过一番努力找到了，却发现衣物不是被压得皱皱巴巴，就是不知道在什么地方被弄得脏兮兮的，肯定不能继续穿出去了。这样一来，必然会浪费许多时间。

自古以来，人们对服饰都十分讲究。古人无论对于衣物的穿着还是放置，无一不在细节上提出要求。在古代人看来，鞋帽要放在一定的位置上，两者是不能同放在一起的，即使是崭新的鞋子与帽子也是不能混杂放置的，必须遵守一定的次序。

古人总是把帽子摆放在整齐的衣服上面，鞋子则是整齐地摆放在一边。因为，在古人看来帽子是戴在头上的，与天有关。而衣服穿在身上，因而应放在帽子之下。鞋子是踩在脚底下的，自然也就与地相关。三者相差甚远，又怎么能相提并论。这就要求人们要养成东西放在指定位置上的习惯，这样一来，不仅找起来容易一些，也不至于弄脏东西。然而，现有不少年轻人回到家后把衣服、鞋子随手一扔，才不会去管谁在谁的上面，更有甚者会把一只鞋子甩在东边，另一只扔在西边，抑或是两只鞋子东倒西歪的。其实，这些都是有损于个人形象的细节。

也许有人会认为，不就是衣物摆放吗？有必要这么重视吗？实际上，一

个人衣物的整洁与否，摆放的位置是否正确，关系到一个人的修养问题。对于古人来说，乱丢乱放衣物，不仅会弄脏、弄皱衣物，还会有损于他们的形象。因此，种种细节问题，都要面面俱到，方能体现一个人的真实性情。

要知道，细节更能真实体现一个人的修养。因而，如果你也想树立良好的形象，不仅要懂得从大处着眼，更要懂得在细节上下功夫，只有做到两者兼顾，你才能养成良好的礼仪，这才是成功的开始！

穿衣打扮要符合礼仪和自身状况

一个人所穿的衣服不在于是否华丽，关键在于干净与否，而且，所选择的衣服既要符合身份，还要考虑家庭经济情况。穿衣打扮，不能光想着讲究排场，还要讲究勤俭持家，考虑是否适合。

再看看我们周围，有许多年轻人全身上下都是名牌，打开衣柜一看，花花绿绿的衣服种类繁多，同一个款式的衣服有好几套。衣服的确是好衣服，可是，并没有被好好对待。有许多人穿脏一套就丢在一边，要么直接丢掉，要么攒到一堆的时候再一起清洗。还有一些学生不喜欢穿校服，每天穿着名牌衣服进出学校。这些行为都与古人推崇的"上循分，下称家"的规矩相违背，是极为不妥的行为。

当然，时代在进步，现如今衣服的种类也越来越多，我们可选择的衣服也越来越多。然而，选择衣服时应遵守哪些礼仪要求？

1.衣服的选择要注重实用性，不在于价值高低与品牌是否响亮

服装发展到今天，已经不仅用于取暖，更多的是代表一个人的身份与地位。然而，年轻人在选取衣物时还是应先考虑它的使用价值。即使再华丽、昂贵的衣服，如果不能够派上用场，也只是形同虚设。因而，年轻人选择适合自己且使用性强的衣服，才是基本原则。

2.衣服的选择要符合人物的身份、场合，才能更好地体现良好形象

对年轻人来说，想要让服装最大限度地体现你的形象，你的服饰必须符合你的身份与穿着场合。否则，即使再昂贵的礼服，把它穿到会议室里，也只会让你显得不伦不类。同样，如果身为教师，穿一些过于紧身、暴露的衣服，也是有损形象的事情。因此，选择符合身份与场合的衣服，才是展现你良好形象的前提。

3.衣服的选择还要考虑到自己的经济情况

选择适合自己的衣服，还包括衣服的价值应该符合自身的经济条件。有许多年轻人一味地追求名牌、追求高档，到头来只会让自己囊中羞涩。爱美之心，人皆有之，然而，我们没有必要为自己一时的虚荣心，给自己、给父母带来经济负担。无论何时，养成勤俭节约的好习惯，对自己、对社会都是大有裨益的。

社会在飞速发展，人们的经济生活水平也有了很大的提高。然而，无论社会发展到什么程度，一些优良的社会传统还是不能丢的。作为一个现代年轻人，更应该在穿衣打扮上，养成勤俭节约的好习惯。符合礼仪和自身状况的穿衣打扮，也能够体现对他人的尊重。

站有站相，坐有坐相

在人际交往中，我们总是希望能给别人留下一个好印象，可是很多时候我们不明白，为什么别人在渐渐地远离你，为什么别人对你有了成见和想法。事实上，不是我们说错了话、做错了事，而是因为一些不经意的姿势毁坏了我们的形象。而一旦给别人留下不好的印象，则很难在短时间内改变，这让我们懊恼不已。

小海和雯雯是一对恋人，他们从相恋至今，已经有整整五年的时间了。这次，雯雯回家后，父母要求见一见小海。于是，雯雯带着小海来到了家里，会见父母。

进了家门，雯雯介绍说："爸、妈，这是小海。"

小海深深地鞠了一躬，微笑着说："伯父伯母好，今天我是专门来拜见您二老的。"

雯雯爸爸笑呵呵地说："年轻人很懂礼貌，来来来，这边坐。"

随着雯雯爸爸的手势，小海坐到了离他不远的沙发上。雯雯把带来的礼物放到了一边，坐到了小海的旁边。

小海掏出准备好的中华烟，递上了一根，雯雯爸爸摇摇手说："最近身体不好，刚动过手术，不能抽烟的。"

小海关切地问："叔叔，动什么手术啊，不要紧吧？"

雯雯爸爸笑着说："没啥大的毛病，就是阑尾炎。"

小海抽惯了烟，雯雯爸爸拒绝之后，他就给自己点上了。本来见雯雯的父母，小海多少有点紧张，点上烟之后，放松了很多，聊了一会儿，甚至跷起了二郎腿。而这个时候，雯雯的爸爸妈妈却坐得非常端正。

雯雯爸爸心中非常不悦，寒暄了几句便借故说自己不舒服，回房休息去了。雯雯妈妈坐在一边始终没有说话，坐了一会儿，也回房照顾雯雯爸爸去了。客厅里只留下了雯雯和小海。

那天，他们再没多聊，匆匆吃过饭之后，小海便离开了。

雯雯做梦也没想到，从那之后，爸爸妈妈非常反对她和小海继续交往。理由很简单，小海给他们留下的印象不好。雯雯坚持了半年之后，和小海分手了。

故事中的小海去拜访雯雯的爸爸妈妈，在雯雯爸爸拒绝抽烟后，他仍径自点烟，让雯雯爸爸感到了不尊重；其次，他在面对两位长辈时，跷起了二郎腿，这个行为破坏了他的形象。或许小海当时并没有意识到，可是却在不经意间将自己的形象全毁掉了。由此可见，生活中，一些不经意间的姿势会让我们的形象大打折扣，那么，我们需要注意哪些不经意间的姿势呢？

1.男性不要随便跷二郎腿

很多人在和别人交谈的时候，会不经意间将腿跷起来。可能这是你的一个习惯，没有什么所指，也是不经意间的一个姿势，可是，别人却认为你流露出的是一种蔑视，一种看不起人的心理。别人会因此而感到你不尊重他，从而对你有了成见。不单是和长辈以及领导谈话的时候要注意，即使是和朋友兄弟相处的时候也要注意。

2.女性入座时双腿要并拢

很多女性朋友入座后，慢慢地忘了自己的身份，便会像男人一样叉开腿。但是女人叉开腿则会让别人觉得你不尊重对方。

3.站立时勿将双手插在兜里

和别人交谈的时候，一般情况下都要将手拿出来，要么自然垂在两侧，要么相握，但是不要将两手插在兜里。因为两手插在兜里，会让别人觉得你很傲慢，你不重视别人。试想，谁愿意跟一个不重视自己的人交谈呢？你这样做只能给别人留下一个坏印象，觉得你吊儿郎当，没个正经样。

4.和人交谈时别抖腿

很多人在和别人交谈的时候，由于放松了身体，便会不自然地抖起腿来。或许你需要的是一个简单的节奏感，但是会让你身边的人觉得很不舒服，心情随着你的腿在不停地抖，注意力会转移到你的腿上，而不在你说的话上。事实上，这是对别人的不尊重，或许你并没有觉察到，但是别人的心情已经被你破坏掉了。

5.辩论时别用手指指人脸

在相互辩论的时候，很多人为了表明自己的意见和态度的坚定性，总是会用手指指着别人。事实上这是最忌讳的。因为用手指指别人表明你在挑衅，这样会激起别人的厌恶情绪，甚至还会出现更为糟糕的情况。尽管你只是为了表达自己的需要，但是与此同时，却伤害了别人的感情。

站、行、坐、卧的规矩

中国自古就是礼仪之邦，有几千年的灿烂文化，同时也形成了高尚的道德准则和礼仪规范。在《论语》中，孔子曾提出："君子不重则不威，学则不固。"在他看来，一个人只有庄重才能有威严，否则，即使学问再高，也不能巩固自己的威严。当然，这里所说的庄重，就是要求我们要有良好的站、行、坐、卧的姿态。因为，在古人看来，一个人举止庄重，进退有礼，执事谨慎恭敬，不仅可以保持良好的形象，而且有助于维护自己的尊严，同时，还有助于进德修业。

古人对仪态的要求不免过于严格，然而，这些规范对于现代年轻人来说，还是很有必要的。因为，人际交往中一个人的仪态不仅体现了他的修养，而且还会影响别人对他的评价，更有甚者会直接决定他的前途与事业。相信读了张九龄的故事，你就会明白其中的道理。

唐朝有一个名叫张九龄的诗人，他还是一位出色的政治家。虽然，他的身世并不是那么显赫，然而，他满身的才气为自己赢得了有利的条件。几经努力，他终于被提拔为朝中大官。然而，满朝的文武百官，真正能得到当朝皇帝赏识的并不多。可是，张九龄就是这为数不多的人之一。

其实，他能够受到皇上的赏识，不仅缘于他的文才，更多是在于他的气质风度。他曾被唐玄宗誉为"曲江风度"，正是因为他注重细节才得以受此厚爱。据史书记载，张九龄每天上朝时，很注意自己的仪态风度，举止得当。无论站、行、走，都体现出一种精气神来。刚开始的时候，他并没有受到皇上的重视，然而，每次上朝时，满朝的文武大臣中，只有他一个人看上去风度翩翩，举止不凡，因此深得皇上喜欢，连皇上都一度有些自叹不如。张九龄正是由于注重自己的仪态，才能受到皇上的重视。

在这个故事中，张九龄正是凭借着自己的仪态举止，才能在众多文武百官中脱颖而出。由此可见，在古人看来，一个人的仪态是其修养与内涵的真实写照。当然，关于这点，就是放在现在这个社会，也是为大部分人所认可的。无论什么时候，一个仪态优美、举止得体的人都能够给人一种美好的享受，更容易打动他人的内心，因而，这样的人想不成功都难。也许有人认为，单用仪态来评定一个人失之偏颇，应该注重内在的东西。然而，没有令人信服的外在美，又如何能吸引人去探究内在美呢？

生活中，有一些人站着时一只脚撑着，另一只脚随意抖动，更有一些人坐在座位上总喜欢双腿叉开或是跷着二郎腿，时不时地抖动着。还有一些人认为靠墙单脚而立的样子很潇洒、很酷，其实，这些都是有失礼仪的行为。一个讲究礼仪的人，无论做什么动作，都会严格按照规定来做。那么，良好的形体姿势都有哪些要求呢？

1.站姿要求

站立时，要抬头、挺胸、收腹，这样才能给人一种挺拔的感觉。抬头时，要懂得微收下颌，使头和下巴保持一条线。同时，双肩放松，双手下垂放于身体两侧，后背保持垂直，双腿绷直且保持并拢。

2.走姿要求

在站立的基础上，行走时双眼平视前方，注意行走在一条直线上，避免走"八"字步。行走时，身体保持直立，用腰带动脚下，随重心开始移动。

3.坐姿要求

注意坐下时的动作。坐在座位上时，可以根据场合与坐的座位不同适当改变。然而，最重要的是保持双腿并拢或稍侧，同时，身体坐直或稍前倾，不能给人一种散漫、悠闲的感觉。

优雅的仪态，不仅可以体现一个人的气质与风度，还可以给人留下良好的印象，有助于人际交往的开展。如果你也想变得优雅起来，从此刻开始，从每一个细节着手吧！

第 05 章

百善孝为先：
孝敬父母的规矩

和颜悦色相处，不和老人争吵

一个经常争吵的家里很难有和睦可言。很多时候，不是老人之间在争吵，而是老人和年轻人在争吵。老人接受不了年轻人的生活方式，年轻人无法理解老人的生活习惯等。谁都想试图征服和改变别人，可是事实上，谁也征服不了谁，谁也改变不了谁。

对年轻人来说，我们不但有照顾老人吃穿的责任，还有照顾他们情绪的义务，因为他们是老人，是长辈。我们应谨记百善孝为先，避免和他们争吵，尽量和颜悦色地和他们相处。

阿宝和阿梅是小两口，感情非常好。他们原本没打算和老人一起居住。可是结婚后没过一年，阿宝的父亲去世了，母亲一个人孤独地生活在乡下，这让阿宝多少有些于心不忍。于是在和阿梅做了一番沟通后，他将母亲接到了家里来。尽管阿梅不愿意，可是她知道丈夫很孝顺，也只好默许了。

可是婆婆来了之后，不到一个星期就发生了矛盾。原来婆婆岁数大了，喜欢早起，所以自告奋勇地承担了家里的买菜工作。可是每次买回来的菜都是市场内最便宜、不太新鲜的菜，而且还捡了很多别人扔了的菜叶。

这让阿梅根本没有办法做饭。当她跟婆婆说的时候，却因婆婆的忆苦思甜而无言以对。阿梅有心不让婆婆买菜，但怕伤了老人的心；而让婆婆去买，阿梅又总是很生气。

这天，她忍无可忍，跟婆婆大吵了一架。婆婆伤心极了，吵着要回老家去。这可让阿宝为难了。为此，小两口闹起了别扭。阿宝先稳住了母亲，然后跟阿梅说："我就这么一个妈，你就不能让着点吗？"

阿梅生气地说："我已经忍无可忍了，你说她每天瞎操什么心呢，没有她在，我们不也过得好好的吗？"

阿宝说："老人嘛，她也是一番好心，你就当替我尽尽孝心，好吗？"

听丈夫这么一说，阿梅不再说什么了。

从那以后，婆婆买了菜回来，阿梅再悄悄地买一些新鲜蔬菜。婆婆好几次都问阿梅，为什么饭桌上的很多菜都不是自己买回来的。阿梅总是找各种各样的理由敷衍过去了。时间久了，婆婆也不再追问了。

故事中的阿梅和婆婆因为买菜的事情发生了争吵，后来在丈夫的劝说下，为孝顺老人，她采用了别的方法改善了吃菜的问题，避免了和婆婆再发生争吵。那么，作为年轻人，如何避免和老人争吵呢？

1.多想想老人的不容易

人活一辈子，其实不容易，没有人能顺顺利利地活到老，都或多或少经历了一些伤痛。这足以让我们敬仰和佩服。因此，当他们对我们不满意、有想法的时候，我们应多想想他们的一生是多么不容易。这样，你就不会再和他们争吵，因为你和他们争吵，是在增加彼此内心的痛苦。

2.多思考对老人的责任

我们有责任孝顺父母，因而，当老人们和你发生矛盾之后，你要多想想你对他们的责任，这样，你的心就会变宽，不会再和他们去计较了。因为孝

顺他们不但要让他们衣食无忧，还要照顾他们的情绪，让他们开心。你和他们争吵，他们怎么能开心呢？

3.多想想自己也会变老

这个世界上，谁都会变老。我们要多多换位思考，理解他们，包容他们，营造和睦的相处关系。

4.多思考他们所付出的

作为父母，他们在儿女身上倾注了太多的情感。尽管公婆或岳父、岳母不是你的亲生父母，但是天下的父母都是一样的，他们也付出了很多。不妨对父母和公婆或岳父母，都多一份体贴，多一份关怀，多一句问候，多尽孝心。

长辈有吩咐，要主动帮忙或代劳

在古人看来，小孩子从小就应树立起主动替长辈分担的观念。要主动替长辈做事，无论结果如何都得回来告诉长辈一声。同时，如果没有特殊的要求，我们还得询问一下自己能否帮助长辈完成事情。在古人眼中，这也是为人的根本。对于这一点，绝大多数的年轻人都能够做到，当然，也有个别的人并不能以此来严格要求自己。要说起爱护老人，就不能不提杜环这个人了。

杜环，字叔循，祖先是庐陵人，相传其父杜一元去江东做官，全家便在金陵定居下来。他的父亲生平就爱结交一些地方的知名人士，受其影响，杜环从小就喜欢帮助别人。他不仅爱好学习，而且为人信守承诺。

后来，父亲的一位朋友去世了，其母已经60多岁了，孤苦无依，一个人在九江城下放声哭泣。路人可怜她年事已高，指点她去找儿子生前的朋友，没承想对方根本就不肯帮助她，并把她赶了出来。无奈之下，她想起儿子曾在金陵一带做过官，辗转来到金陵，却也毫无结果。她想起儿子的好友杜一元，然而别人告诉她杜一元已过世。最后，别无选择的她冒雨找到了杜环家。

正在与客人交谈的杜环见到熟悉的面孔，一眼认出她就是父亲生前的好友的母亲，便赶紧把她扶进屋内，向她行拜礼，并要求自己的妻子行礼。听到常家的变故，杜环也跟着伤心落泪。听常母说到她儿子生前的朋友，杜

环知道那些人都是无法托付的，又不知道她小儿子常伯章现如今的状况，便暂且安置她在自家住了下来。常母看到他家境也不富裕，坚持要找儿子的朋友，杜环便派丫环跟在后面，眼见事情无果，常母才再次在他家住下，全家人都把她当母亲一样侍奉。

常母个性急躁，稍有不顺，便出口骂人。杜环要求家人尽量顺从她、尊重她，更不能因为她的身份而轻视她。常母年事已高，且还有疾病在身，杜环便亲自为其煎药、喂药，十年如一日地照顾老人。后来，因工作原因，杜环正好遇到常母的小儿子，便哭着向他说起老人家思儿心切而生病，希望他能够回去看看自己的母亲。然而，常伯章并没放在心上，过了多半年后才亲自去探望母亲。母子二人见面，抱头痛哭。常伯章见母亲年事已高，且有病在身，恐怕根本无法远行，便借故溜走了。从那以后，他就再也没有来看过自己的母亲。倒是杜环依旧对她照顾有加，怎奈老人家思儿心切越发病重，三年之后就去世了，直到死她都没能再见到亲生儿子一面。常母死后，杜环为其选了一块地专门厚葬她，逢年过节还会去扫墓。

在这个故事中，常母失去了大儿子，儿子昔日的好友也拒绝帮助她。然而，杜环见到她后，主动让她居住在家中，当作母亲来侍奉，还亲自照顾她，直到她去世，并厚葬她。对于一个根本没有血缘关系的老人，杜环却替常伯章担当起赡养的重任，其行实在可敬，足见他的修养。然而，常伯章作为母亲的亲生儿子，也只是在匆匆见了一面之后便溜走了，从此再无音信，这种对比不得不引起我们的深思。

现实生活中，像杜环这样的人很难得，反倒是像常伯章这样的人大有人在。有许多年轻人面对年迈的父母不是争相养活，而是互相推卸责任，兄弟姐妹之间都害怕吃亏，更别说帮助父母干活了。作为晚辈，这样对待老人是不对的。尊老爱幼是中华民族的传统美德，父母都会变老，孩子都会长大，如果我们自己不尊老爱老，到时候又如何能够要求孩子们尊老爱老呢？因而，作为现代年轻人，在爱幼的同时，多花一点心思在老人的身上，多爱他们一点，你会收获更多。那么，我们怎样做到爱护老人呢？

1.长辈有事急呼时，我们要主动帮助他们

现在的年轻人从小被父母宠到大，一直过着饭来张口、衣来伸手的生活，心中根本没有一点帮助父母的意识。即使看到长辈有事招呼他人时，也充耳不闻，认为反正不是叫自己，跟自己肯定没有关系，那就不用去理会。作为晚辈，长辈年事已高，无论他们要找谁，最好都要主动关照，看看他们有什么事情，让他们别着急，自己去帮着找一下，这样更能体现你爱护老人。

2.无论结果如何都要回复一下，自己能够帮上忙的，要主动给予帮助

长辈要找人时，如果要找的人就在身边，那么，你需要告诉对方长辈正有事找他，让他赶紧去一下。如果要找的人不在附近，作为晚辈还得去远一点儿的地方看看。然而，无论你找的结果如何，都要及时回来告诉长辈一声，离开时，晚辈还应顺便问一声，看自己有什么能帮上忙的没有。如果眼前的事情是你力所能及的，晚辈还要主动提供帮助。

面对长辈的招呼，作为晚辈应该主动出力帮忙。因而，从现在起，学会及时回应长辈，并代替他人给予长辈帮助，做一个懂事的人！

用谦虚谨慎的态度对待尊长

现如今，社会竞争激烈，每个人都在尽力表现自己，以期得到大家的认可。可是许多年轻人却忘了，对尊长更应该怀抱尊重和感激之情。要知道，时刻以一种谦虚谨慎的态度对待尊长，更能体现一个人的学识与修养。因而，年轻人与尊长相处时，谦虚礼让才是根本。

汉明帝刘庄自从当上太子以后，便跟随太傅桓荣学习《尚书》。后来，他登基后，虽贵为皇帝，却依旧尊重桓荣，以师礼相待，又封桓荣为太常。有一次，汉明帝亲自去太常府探望桓荣，面对自己的老师，他并没有以皇上自居，而是专门将老师的座位摆放在尊位上。随后，他还号召文武百官及老师的所有弟子们一起前来行师生礼。当着大家的面，汉明帝没有一丝架子，亲自行跪拜礼，拜桓荣为老师。当学生起立离开座位，向汉明帝提问时，汉明帝却谦让地告诉大家："太师在这里。"

后来，桓荣病重请求辞去官职，汉明帝便亲自到他家去探病。然而，车马刚进入桓荣家的街道，汉明帝就要求下车，步行前往桓荣家。看到老师病重的模样，他也跟着伤心落泪，不忍心离老师而去。后来，桓荣病重去世，汉明帝亲自穿丧服前去送行，并在首山之阳为老师修筑坟墓。

在这个故事中，汉明帝虽贵为一朝天子，面对老师却依然能够恭敬有加，亲自下跪行拜师礼。听到老师重病，他匆忙前去探望，车行至胡同便步行前往。老师病危，他却亲自身着丧服送行。以上种种，足以体现汉明帝对老师的尊重之情。虽贵为皇帝，汉明帝面对尊长，依然能够保持谦虚有礼的态度。而现实生活中，有些年轻人总爱在别人面前显摆自己，尤其是面对长者，他们常常熟视无睹，喜欢拿自己的长处去比别人的短处。其实，这种做法很不可取。要知道，今天你所获得的机会都是他们用勤劳与智慧换来的。如果他们有这个机会的话，能力可能在你之上。因而，做一个有修养的年轻人要懂得谦虚礼让，尊敬长者，面对尊长要给予必要的尊重。那么，我们应该从哪些方面来表达尊重之情呢？

1.尊重长者要体现在态度上，称呼他人时要有礼貌

现如今，人与人之间的关系已经不再像以往那样尊卑分明，然而，无论在工作还是生活中，给他人必要的尊重还是有必要的。这就要求我们在称呼他人时，要做到礼貌有加。面对那些比我们年长、地位高、能力强的人，我们应该学会使用尊称。可以在对方的姓后加上职称或职务，如张老师、陈科长、马博士等，这些都能体现出对对方的尊敬。当然，你也可以在对方的姓后加上辈分。如吴奶奶、刘阿姨、赵叔叔等，也可以体现出对他人的尊敬之情。切忌直接称呼对方的姓名，这是最不礼貌的称呼，作为晚辈，直呼他人的姓名，会让人觉得你没教养，会直接影响你的形象。

2.尊敬长者，要认真聆听他人的教导

作为长者，他们的知识、阅历，以及人生经验都会比你丰富很多。因而，他们有许多的人生智慧值得我们大家学习。当然，也有这种情况，他们在某些方面可能的确不如你，然而，作为晚辈你要明白，无论他们说什么都要保持一颗敬畏之心，尊重他们的观点。同时，当他们用自己的人生经验来

教导我们的时候，我们也要诚恳地接受，并感谢他们的关爱，用一颗感恩的心去面对这一切。

3.要善待长者的短处，不卖弄自己的学问

社会在发展，时代在进步，作为青年一代，我们接受了许多高科技的东西。这些东西有许多可能是长辈根本不太熟悉的。比如网络、潮流，我们不能拿自己的长处与长者的短处比，要知道，是时代让他们没有机会接触更多的东西。因而，在面对长辈时，我们不能卖弄自己的才能，这样会伤害到对方的自尊心。与长辈说话时，尤其提到自己擅长的东西时，一定要注意自己的语气与方式，要懂得尊重他们，把表现的机会多留给他们一些，你会收获得更多。

与尊长相处，谦虚有礼是每个年轻人都必须掌握的处世之道。我们已经知道了该如何去尊重长者。从现在开始，严格要求自己，相信你也可以成为一个有修养的年轻人。

主动问候长辈

中国有上下五千年的文明，尊老敬贤一直是中华民族的优良传统。我们应该把这种美德发扬光大，并一代代地延续下去。从古至今，尊老敬贤的礼仪要求对于形成温情脉脉的人际关系、长幼有序的和谐伦理关系都起着非常重要的作用。

作为年轻人，尊老敬贤不仅体现在态度上，而且体现在日常生活细节中。那么，晚辈在路上遇到长辈之时，应该如何做呢？

1.恭敬地走到长辈面前，静候长辈说话

《弟子规》中讲："路遇长，疾趋揖；长无言，退恭立。"它的意思是说，当小辈在路上遇到长辈时，要赶紧步行上前去行礼。如果长辈没有说话，晚辈应退到旁边恭敬地站着，以此来体现一种尊重。当然，这一点与现如今社会有所不同，但是我们在路遇长辈时，还是要快步走上前去，主动向长辈打招呼。如果长辈因有事不能跟你说话时，我们还要让出路来让长辈过去。

2.向长辈打招呼也要注意礼节，恭敬地送长辈离去

《弟子规》中讲："骑下马，乘下车；过犹待，百步余。"它的意思是说：路上与长辈相遇时，如果是骑着马的话，要下马与长辈打招呼，坐在车上话，也得立即下车。长辈走过去后，晚辈还得目送长辈一百多步后才能动身。虽然现代人的交通工具已经改变了，尊敬长者的心还是不能变的。情况

允许时，我们还是要主动与长辈打声招呼，问一声好。长辈如果提前离去的话，我们也得目送长辈的背影，直到消失为止。比如，在赶车时，我们遇到长辈时，也得走上前去打声招呼，打招呼时还应注意不能打扰到周围的人。即使下一刻我们要上车，也得向长辈告辞一下，告诉对方自己有事需要先行离去，及时表达你的歉意。相信只要能够做到有礼有节，长辈一定不会怪罪于你。

我们在按照这些要求来做时，既要领会精神实质，还要与实际情况相结合，只要能够用心去领悟，怀着一颗真诚的心去对待长者，大家都能成为有修养的人。

与长辈相处要知礼守礼

《弟子规》中讲："长者立，幼勿坐；长者坐，命乃坐。"意思是说，长者还在站着，做晚辈的就不能自顾自地坐下来。长辈坐下后，招呼你坐下时，才能坐下来。作为晚辈，与长辈相处时，应遵守的礼仪要求之一，便是关于坐与立的礼仪。我们与长辈相处时，应该先请长辈坐，长辈如果没有让我们坐下的话，就不能坐下来。关于坐与立的礼仪，历史上最有名的就是"程门立雪"的故事。

北宋时期的著名学者杨时，是程门四大弟子之一。早年他就颇有学问，考得进士，特别喜欢钻研学问，然而，他并不满足，便四处寻师访友，曾拜读于著名学者程颢门下。后来，程颢念他为人很好，临死前把他推荐到其弟程颐门下学习。

此时，杨时已经四十有余，学问也相当高，他却依然谦虚谨慎，尊师敬友，因而深得师父程颐的喜爱。程颐把他当作得意门生，将毕生的知识都传授于他。有一天，杨时与同学游酢一起前往老师那里请教问题，不巧的是当时老师睡着了。看到老师睡得正香，两人便决定不要打扰，静候老师醒来之时。于是，两人便站在大门处不动，静静地等待老师醒来。时间一分一秒地过去了，老师依然睡得很香，天空中又飘起了鹅毛大雪，且越下越大，天气也变得越来越冷。两人站在雪地中，游酢实在冻得受不了，几次都想直接把老师叫醒，都被杨时给拦了下来。

等程颐一觉醒来，发现已经睡了好几个钟头，不知什么时候外面已积了很厚的一层雪。这时，他才发现两个人正站在门外，身上都落了一层厚厚的雪，两人早就变成了雪人。见此情形，程颐很受感动，对他们更加用心，杨时最终不负众望学到了程颐的全部学问。后来，他回到南方传播程氏理学，且形成了独家学派。

在这个故事中，杨时向老师请教问题时，见老师在那里打盹儿，便站在门外等候。这一等便是好几个小时，天空下起了雪，他们都没有叫醒老师或独自坐下。在他看来，老师坐在那里，还没有招呼他坐下的话，作为晚辈是绝对不能不请自坐的，这个故事旨在告诉大家，作为晚辈要尊敬长者，长者没有请自己坐下时，是不能够自行坐下的。晚辈与长辈相处时，不仅要遵守坐与立的礼仪，还应遵守说话的礼仪。

与长辈说话要保持恭敬的态度，说话声音要放低一些。如果低得听不到，也是不合时宜的。这就要求我们与长辈说话时保持合适的音量、音调。这样，既可以避免因声音过大而显得对长辈无礼，又可以避免因声音过小，让长辈听不到。在古人看来，做一个有修养的人，对长辈说话时既要保持腔调柔和，还要注意音量适中。

晚辈与长辈见面时，要快步上前，以免长辈久等。向长辈告辞时，要放慢步子，以免给长辈一种想赶快逃离的感觉。长辈问话时，晚辈还要站起来回答，回话时，目光要看着长辈，不能东张西望。我们与长辈相处时，要认真对待长辈的问题，做到集中精力，全神贯注。

在古人看来，与长辈相处时，作为晚辈要恭敬有礼，不仅体现在坐、站的问题上，更体现在与长辈说话的声音，以及与长辈谈话的态度上。因而，我们可以有如下启示：

1.做有礼貌、有修养的人，与长者相处时，要征得同意后方能入座

与长者相处时，如果未经允许便擅自坐到位子上，是一件有失礼貌的事情。作为晚辈，如果身边的长者没有入座，绝对不能自顾自地坐在位置上。即使长辈坐下后，也要等长辈招呼后才能坐下来。另外，坐下后，如果长者起来走动，你的目光与身子也要随着长者的方向改变。

2.做有礼貌、有修养的人，与长者相处时，要注意谈话的礼节

与长者交谈时，让你的声音既被对方听到，又不会显得是在自言自语，是体现一个人有修养的重要方面。这就要求我们注意交谈的实际情况，如果双方离得稍远，或是长者的听力不好，我们可以适当地提高自己的音量。当然，对于面对面地进行聊天，你的声音就可以稍微低一些，还应该注意说话的语气。

3.做有礼貌、有修养的人，还要注意与长者交谈的细节

如果长者有事要找，作为晚辈听到后要赶快上前，不能让长者久等。当然，交谈完毕离开时，要学会放慢脚步。同时，在交谈的过程中，作为晚辈在回答长者的问题时，要以尊敬的语气来回答，还要做到目不斜视，视线停留在长者的视线以下。

与长辈相处，作为晚辈要遵守一些礼仪细节，才能展现出你的良好修养。只要能够按照这些方面的精神来做，相信你一定可以成为长辈眼中有礼貌、有修养的人。

对待兄长辈的亲友，要像自己的亲兄长一样

我们与人相处时要懂得谦虚，行悌道，学会尊老敬贤。对待自己的叔叔伯伯，应该像对待自己的父亲一样尊敬；对待兄长辈的亲友，要像对待自己的亲兄长一样去尊重爱护。

现代社会都是小家庭，很多孩子没有兄弟姐妹。一些人有叔叔伯伯、堂兄堂弟，但不知道该怎样与他们相处。想一想，如果连与自己有着血缘关系的叔叔伯伯、堂兄堂弟们都不能够相处融洽的话，那么，与外面那些不存在血缘关系的人相处就更困难了。因而，在古人看来，有礼貌、有修养的年轻人在家族内部对长辈就应该像亲父兄一般尊重关怀。

传说北宋时期，福建泉州莆田县有一个名叫林默的姑娘。她从小便深得父母疼爱，因为住在海边，她的父亲与哥哥都是船夫，村里的很多人家都与他们一样以捕鱼为生。然而，在离她不远的一片海域里有很危险的岛礁区。有一天，她的父亲与哥哥一起出海捕鱼，在回来的途中遭遇海难，在她和村民们的努力下，父亲最终脱离了险境，却未能救回哥哥的性命。失去了哥哥，她很痛心。

更令她记挂于心的是，如何避免更多的村民遭遇像自己哥哥那样的悲剧。于是，她便经常跟随师父学习研究天文气象，以帮助人们识天气，避免在出海途中遇到恶性天气而发生意外。同时，她还经常冒着危险去救助那些过往的船只，帮助遇险的人们脱离险境。她曾多次不顾个人安危出入于危险的海域帮助那些需要帮助的人们。由于过度操劳，她在28岁时便去世了。人们为了纪念她的善行，便在沿海地方修建祠堂，尊称她为"海神妈祖"。

在这个故事中，生长在海滨的林默一家人都靠出海捕鱼为生。哥哥的不幸遭遇虽然让她痛心，可是，更让她着急的是如何避免更多的村民遭遇这种危险。因而，她一方面学习识天气；另一方面去救助那些遇难的人群，最终英年早逝。对于林默来说，她并没有因为失去哥哥而陷入痛苦中无法自拔，她想得更多的是让村民们摆脱这种险境，避免同样的遭遇。对于那些没有血缘关系的人，她尚能如此关怀尊重，可见她的胸怀与修养。

作为一个有修养的人，首先应孝敬尊重自己的父母，其次还应尊重父母的兄弟姐妹，才能推而广之到天下所有的长辈。这就是我们常说的"老吾老以及人之老"的思想。你只有先尊敬自己的父母，才能尊重他人的父母。试想，一个人如果对与自己有血缘关系的人都不能给予起码的尊重，那么，他还能尊重谁呢？

因而，我们要学会如何正确地与亲人相处：

1.尊重自己的父母兄长

古人认为，做人的根本就是"以孝为先"，只有孝敬父母、尊敬父母，才能算是一个人。其次就是"悌"，与兄长相处，要行"悌"道，对待自己的兄长要谦虚礼让，尊敬自己的兄长。因而，古人在评价一个人时，要先从"孝、悌"两个方面来看。作为年轻人，我们要先懂得尊重自己的父母兄长，才能算是一个真正意义上的人。

2.尊敬有血缘关系的亲人

每个人对待父母兄长，都要尊重，同样，对待其他与我们有血缘关系的人时，我们也应该像尊敬自己的父母一样去尊重爱护他们，才能体现出我们尊老敬贤的美德。这就要求我们在日常生活中，用一颗平等心、包容心去对待自己的亲人，不因个人的身份、地位、经济状况而改变自己的态度，一律用尊重父兄的态度去对待。

3.将对待父兄的精神，推广到所有的长辈与长者身上

做一个有修养的人，不仅要尊重自己的亲人，对所有的长辈与长者都应该一视同仁，用同样的要求来对待，这才能称得上真正意义上的贤者。因而，作为现代年轻人，要懂得把这种尊敬精神推广到所有的长者身上，你才能心怀恭敬地与人相处，拥有良好的人际关系。

面对长辈，我们不能因为不是自己的父母兄长便目中无人，更不能因为没有血缘关系而嗤之以鼻。一个真正有修养的人，无论对待什么样的长辈都应尊重，在与长辈的相处中，树立良好的形象，为自己争得良好的人际关系。因而，从现在起，做一个有修养的人，用你的尊重去对待所有的长辈吧！

做到及时回应，是对父母的尊重

古人讲，身体发肤受之父母。父母是你生命的源泉，兽类中犹有羊羔跪乳、乌鸦反哺的行为，那么作为万物之灵的人类，就更应当孝亲敬长。

中国传统文化的道德核心和灵魂是孝道，而中国几千年的文明史也正是建立在这种传统文化的基础之上，从古至今，绵延不断的文化潜移默化地影响着一代又一代中国人。孝道是我国道德理论的基点。纵观史书，我们不难发现，古代君主们多宣扬"以孝治天下"，知识分子们讲究"修身、齐家、治国、平天下"的入仕道路，但这一切的起点就是对父母的态度。一个连自己父母都不尊敬的人，纵然拥有再高深的学问，又有哪个君主愿意起用呢！君主们都清楚，"忠孝"二字是不能分家的，一个能够对父母尽孝的人才可能对国家尽忠，否则貌似忠良的表层下藏着的很可能是一颗不为人知的祸心！古人云："子女孝顺，父母心安。家存孝道，国有忠臣。"这句话说的也正是这个道理。只有在家庭里培养起良好、正直的品行，才能在朝廷及社会中立稳脚跟、不惧不怒，在惊涛骇浪中依然能够找到自己的位置，坚持自己的信仰，从而做一个有责任感、有道德感的正人君子。

从这里我们就能看出，我们对待父母并不仅是流于表面的听命与服从，也是一种心灵上的归属感。

周文王的祖父古公亶父，先后养育了三个儿子，分别是：泰伯、仲雍、季历。三个儿子的品行都十分优秀。季历大婚后不久就有了自己的儿子，也就是古公的孙子。古公很高兴地看着自己的孙子，不经意间说了这样一句话："以后振兴我家的恐怕是这个孩子！"事实证明，古公的预言没有错，这个孩子就是姬昌，也就是后来的周文王。古公的预言虽然对了，但同时也出现了一个问题：封建王朝的立嗣体制是"立嫡以长，以贵不以贤"，论长幼，泰伯自然是第一人选；论起身份，三人都不相上下了。也就是说，无论如何排序，这个王位都不可能落在季历头上，而不落在季历头上就意味着不可能落在姬昌头上。泰伯知道父亲的心思，他为了成全父亲这个心愿的同时又不破坏礼制，就在某一天佯装采药而离开了家。他一离开，仲雍马上就明白事情的原委了，于是他也以同样的理由离开了家，兄弟俩相继出走，把河山让给了最小的弟弟，完成了父亲的心愿。

从这个故事中我们不难看出，封建社会早期，孝亲的良好风气造就了周朝八百年的历史，我们在赞叹周文王的时候，也不要忘记家族的两位先祖：泰伯和仲雍。是他们两个为了实现父亲的心愿而甘愿放弃本属于自己的王位，这种大忠大孝着实令人敬仰，而这种拱手河山的姿态也确实不是每个继承人都能做到的。

"孝顺"之意，唯有"顺"方能"孝"，如果把这个"顺"字扩展到大的方面，我们可以看下面这个例子：

许哲女士是新加坡的慈善家，多年来一直致力于慈善事业。有一次要录制一个关于她的专访，记者找了好久，终于在一个贫民区找到了衣衫褴褛的她，记者大骇，问她发生了什么事，她淡然地摇摇头说："没发生什么事，只是我的工作要求我穿成这样，如果我穿着西装去接近他们，他们就会从心底排斥我，所以我必须和他们一样。"

由此可见，如果超越了家庭范围而来到社会中，想要零距离地接近别人，要注意与对方的行为保持一致。如果在某一方面违背了对方的行为习惯，那么这个行动很可能会失败。家国一体，只有在小家中尊重父母，在社会中才会能屈能伸、游刃有余。

第 06 章

做客待客礼仪：
礼尚往来，不冒
犯不逾矩

守时是拜访中最基本的礼仪

在经济迅速发展的今天，时间已经成为每个人最为宝贵的资源，"时间就是金钱"这句话在当今社会一点儿都不夸张。所以，在进行拜访的时候，一定要注意守时，因为守时是一个人职业素养和人格的体现，遵守时间是一个有助于打动别人的简单方法，而浪费他人的时间无疑就是浪费他人的机会。可以这么说，守时是拜访礼仪中的第一准则。

德国人是目前最为守时的，一旦约定好时间，他们一定会按照计划履行，除非出现特殊情况，否则绝对不会有变动。德国人应邀到他人家去做客或外出访问朋友的时候，都会准时到达，他们不会浪费主人的时间，如果因为特殊的原因而无法准时到达，他们一定会向朋友表示自己的歉意，并请求原谅。

德国哲学家康德守时是出了名的。无论是拜访老朋友还是陌生人，都是一样守时，约定好的时间必定准时出现，无论出现什么情况。他认为，守时代表着一种礼貌和信誉。

有一次，他想要去一个名叫珀芬的小镇拜访他的一位老朋友威廉先生。于是，他写了信给威廉，说自己将会在3月5日上午11点之前到达那里。威廉回信表示热烈的欢迎。

康德3月4日到了珀芬小镇，为了能够在约定的时间到达威廉先生那里，他第二天一早就租了一辆马车赶往威廉先生的家。威廉先生住在一个离小镇十几英里远的农场里。而小镇和农场之间隔着一条河。康德需要从桥上穿过去。但马车来到河边时，车夫停了下来，对车上的康德说："先生，对不起，我们过不了河，桥坏了，再往前走很危险。"

　　康德只好从马车上下来，看看从中间断裂的桥，他知道确实不能走了。此时正是初春时节，河虽然不宽，但河水很深。康德看看时间，已经10点多了，他焦急地问："附近还有没有别的桥？"

　　车夫回答："有，先生。在上游的地方还有一座桥，离这里大概有6英里。"康德问："如果我们从那座桥上过去，以平常的速度多长时间能够到达农场？""最快也得40分钟。"车夫回答。这样康德就赶不上约好的时间了。

　　于是，他跑到附近的一座破旧的农舍旁边，对主人说："请问您这间房子肯不肯出售？"农妇听了他的话，很吃惊地说："我的房子又破又旧，而且地段也不好，你买这座房子干什么？""你不用管我有什么用，只要告诉我你愿不愿意卖？""当然愿意，200法郎就可以。"

　　康德毫不犹豫地付了钱，对农妇说："如果您能够从房子上拆一些木头，在20分钟内修好这座桥，我就把房子还给你。"农妇再次感到吃惊，但还是把自己的儿子叫来，及时修好了那座桥。

　　马车终于平安地过了桥。10点50分的时候，康德准时来到了老朋友威廉的房门前。一直等候在门口的老朋友看到康德，大笑着说："亲爱的朋友，你还是像原来一样准时啊。"

　　康德和他的老朋友言谈甚欢，度过了一段快乐的时光，但是，他隐瞒了

为准时到达而买下房子、拆下木头修桥的过程。后来，威廉先生从农妇那儿听到了这件事，专门致信康德说："老朋友之间的约会大可不必如此熬费苦心，即使晚一些也是可以理解的，更何况是遇到了意外呢。"不过康德却始终认为守时是必须的，不管是对老朋友还是陌生人。

守时是一种美德，每个人都应当懂得守时的重要性。但是在一些国家，守时却并不一定意味着你必须按照约定的时间分秒不差地到达。例如，如果你受邀到一个美国人或是加拿大人家里去作客，如果通知你的时间是7点整，你最好能够在7点一刻到达，迟到、早到都不合适。但是，如果换作德国、瑞典或瑞士这些国家，如果约定的是7点整，你就必须恰好在那个时间到达。在欧洲乘坐飞机的时候，来自德国、瑞典或瑞士的旅客很好辨认：当飞机起飞的时候，来自这些国家的人总会看一下手表；飞机降落的时候，他们会重复同样的动作。

然而，在拉丁美洲，如果有人约你7点去家里作客，那么你就不能在7点到，因为你7点到的时候，没准主人正在做其他事情，可能完全没有做好这方面的准备。实际上，就算你8点才到，主人也不会有什么怨言，有的甚至会认为你来得略微早了些。

同样，在印度尼西亚或泰国，对于守时的要求也没有那么高。关于"守时"，不同的国家和地区有着各自不同的态度，所以应当将这个问题弄清楚，不管去哪个国家和地区，都应当事先了解一下当地人的时间观念。下面是世界各地对于守时的看法：

（1）极为重视守时的国家：所有的北欧国家（斯堪的纳维亚诸国）、

德国、瑞士、比利时等。

（2）比较赞赏守时态度的国家：加拿大、澳大利亚、英国、法国和美国。

（3）对守时态度比较缓和的国家：欧洲南部（西班牙、意大利、希腊等国家），还有绝大多数地中海国家。

（4）不是太注重守时的国家：绝大多数拉丁美洲国家。

登门拜访要注意礼貌修养

我们到别人家去拜访，将要进门的时候，应该先问一下"家里有人吗"。如果没有得到对方的回答，而门又未关紧，那么将要进入客厅的时候，一定声音提高一些，再次询问是否有人在家里。如果对方问你是谁，要报上自己的姓名，不能用"我"来作为答案，这样的回答没有任何有效信息。注意登门拜访的礼仪，不仅可以表现一个人的礼貌与修养，而且可以避免碰到一些令双方难堪的问题。

然而，现实生活中，有些人去别人家做客的时候，总认为双方关系很好，根本没有必要注意这些细节问题，往往就是推门而入，或者是一进门就弄出很大的声响。其实，这些都是不礼貌的行为，在古人看来，这样的行为是有失君子作风的。而且，古代伟大的学者孟子就曾因为忽视了进门的问题，差一点闹出家庭风波。

有一天，孟子外出回家，因为家里只有他的妻子与母亲两人，所以，孟子就没有考虑那么多，到了家门口后，直接推门而入。结果，不看不打紧，这一看，孟子顿时一身怒气。此时，他的妻子正叉开两腿坐在屋内。孟子见到妻子如此粗俗的坐相，顿时产生休掉她的念头。于是，孟子转身便找母亲商量此事。当母亲询问原因时，他便将亲眼看到妻子叉开腿坐的事情说了出来。最终，母亲用古人的进屋礼仪让孟子意识到自己错误所在，才将这件事情压了下去。

在这个故事中，孟子回家进门时，没有询问便直闯妻子休息的内屋，以至于看到妻子不雅的姿态。女人叉腿而坐，这在封建社会属于很不文明的现象，然而，孟子也有错，那就是进屋时没有遵守礼仪。最后，在孟母的劝说下，孟子才认识到自己的失礼行为，因此打消了休妻的念头。由此可见，在古人看来，登门之时，不讲究礼仪规范也是有违君子作风的事情。

登门拜访，是人际交往中最基本、最常见的一种形式。大家朋友一场，通过互相串门走动，可以增进彼此之间的感情。然而，看似简单的交际活动，如果不懂得遵守其中的礼仪规范，很可能会适得其反。那么，我们该怎样做呢？

1.进门之前，先用文明的方式通知对方

古时候，家家户户都是院墙高筑，想要进到厅堂上，必须先经过大门。随着社会的发展，在大城市中，多数家庭都安装了防盗门。那么，在这种情况下，当主人家大门紧闭的时候，要让对方知道你的到来，必须学会文明敲门或使用门铃。无论是敲门还是按门铃，都要做到不紧不慢，力道均匀，以免噪声过大，影响到周围邻居的休息。

如果主人家的门微掩着，应先站在门口询问："请问，有人在吗？我可以进来吗？"如果没有得到回答，可以轻轻地推开微掩着的门，走进去后，提高音量再次询问是否有人在，自己能否进来。

2.当屋内主人问到"你是谁"时，要准确地报上自己的姓名

现代社会，每个人的安全意识都很强，很多时候，听到有人来访时，都

会询问对方的姓名，以此来判断是否前去开门。因此，正确的做法是，准确地报上自己的姓名，如果双方交情不深的话，还必须报上真实的身份，以便让主人在最短的时间内回想起你。

3.进入屋内后，依然要保持礼貌的举止

关于进门的礼仪，在《礼记》中也明确提到："将入房，视必下。"意思是说，将要进入主人家门时，眼睛应朝下看。这样可以给对方留足准备时间，避免造成尴尬的局面。当然，这一条在当前社会环境中，也是完全应当遵守的。

生活中，当大家去别人家登门拜访时，这些礼仪规范是必不可少的。我们想要去别人家拜访时，最好还是要事先约好，给他人留下准备的时间，以便达到成功拜访的目的。

握手的礼节是内在涵养的体现

在生活中，我们见了别人都会主动去和对方握手，以此来表示友好、表示欢迎。事实上，在你面带微笑主动走上前去和别人握手的时候，别人因此而受到了尊重，就会觉得你是一个非常有涵养的人。相反，如果你站在原地，面无表情，别人会觉得你不懂得尊重别人，觉得你没有教养。握手，这么一个简单的礼节，却能让别人看到你的内在涵养。

单鹏是锅炉厂的销售员。按理说，他做销售已经有整整两年的时间了，可以说是经验丰富。可是最近却频频丢掉了好几个准客户。这究竟是怎么回事呢？

这天一大早，他去拜访一家橡胶厂的厂长黄先生。由于之前拜访过几次，而且电话里沟通得也不错，所以单鹏满怀信心地带着合同前来。

当他敲开了黄厂长的办公室之后，看到办公室里有好几个人，似乎都是公司的领导，于是单鹏走上前去，一一跟他们握手问好。就在这时，从门外面走进来一位60多岁、衣着普通的老人，老人提着水壶，逐个为他们加水。

单鹏觉得他只是个服务人员，所以没怎么在意，也没有跟他握手问好。过了一会儿，老人什么话也没说，悄悄地离开了。

和黄厂长进行了一番寒暄之后，单鹏拿出了合同，把事先约好的合作条件——又说了一遍，之后放到了黄厂长面前。黄厂长认真地看了一遍，点了点头，准备在合同上签字。这时候，秘书走了进来，在黄厂长的耳边悄悄地说了几句话。

黄厂长笑着站起来说："不好意思，小单，你稍等我几分钟，我临时有点事情。"

说完，黄厂长随秘书一起走了出去。

几分钟之后，黄厂长走了进来，说："很抱歉，我们董事长不同意咱们之间的合作。"

单鹏惊讶地说："为什么啊？是对我开出的条件不满意吗？"

黄厂长摇了摇头。

单鹏说："那究竟是为什么呢？"

黄厂长说："我也不知道怎么回事，可能你刚才做了什么事情，给董事长留下了不好的印象。"

单鹏说："刚才董事长在这里吗？是哪一位，您能提醒一下我吗？"

黄厂长说："就是那位为我们倒水的老人。"

听到黄厂长的话，单鹏半天说不出话来。因为当时他觉得那是公司的服务人员，所以没有上前跟他握手问好。

故事中的单鹏身为销售人员，在和别人握手问好的时候，恰恰忽略了董事长，让董事长觉得他不懂得尊重别人，没有涵养，而终止了最后的合作。由此可见，一定要注重握手的礼节，让别人感觉到你的尊敬和欣赏。那么，在握手的时候应该注意哪些礼节呢？

1.和男士握手，要握紧握满

一般情况下，和男士握手的时候，要握紧握满。握得越紧，握得越满，则表明你对对方越欢迎，越欣赏和喜欢对方。如果只是抓住手指，或者握得很松，则会让别人觉得你的心不诚，不喜欢和对方结交。这样，对方自然对你不满了。所以，和男士握手的时候，一定要把手握紧握满，即使你对对方有想法，也不要在这个时候显露出来。

2.和女士握手，要握指尖轻摇

男女之间一般情况下不握手，当然如果女士主动伸手，男士则可以握手，男士主动则会让女士惊慌失措，误认为有轻薄之意。和女士握手也要注意，不可握得太满，也不能握太紧，可以握住指尖轻摇一下。当然时间绝对不能过长。这样，你既尊重了对方，又避免了逾矩之嫌。

3.和长辈握手，不要太主动

晚辈和长辈见面的时候，如果长辈不主动伸手，晚辈不宜伸手。因为握手代表着彼此之间地位的平等。长辈主动伸手，说明长辈愿意降低身份，和你做朋友。而晚辈主动伸手，则是拉低了长辈的身份，是对长辈的不尊重。所以，遇到长辈的时候，千万不要为了表达你的热情而主动伸手。

4.和平辈握手，要积极主动

平辈之间见面的时候，要积极一些，主动伸手相握，这样表明你对他人的友好，你很希望跟他结交。如果你总是藏着手，没有握手的意思，那么别人就会觉得你不欢迎他，你对他不友善。当然，这里说的是男性之间。如果与女性同辈相处的时候，男士千万不要主动，这样是对女性的不尊重。

5.与关系深厚的人握手时用双手

在和一些地位比较高、关系比较深的人握手的时候，要用双手，以示你

对对方的敬重。一般情况下，这样握手的时候，对方要么是对你有很大帮助的人，要么就是你非常尊敬的人。因此，不要随便用双手去和别人握手，以免给对方带来心理压力。但是如果有需要，那么千万不要把双手换成单手，也不要握一下就松开，要长时间地紧握。

送礼的规矩和技巧

古语说得好："衣人之衣者，怀人之忧。"意思就是说，穿着他人衣服的人，就会替他人想着心事或隐忧。换句话说，收下了别人送来的礼物，心里就有所歉疚，就想要通过帮别人的忙补偿回来。因此，想要求人办事，就要学会给别人送礼。然而，送礼是一种讲究技巧的活动，送礼能否成功，关键要在"送"字上下功夫。如果懂得送礼的技巧，能送，会送，就会让收礼者欣然接受，笑逐颜开；如果送礼方法不当，收礼者或当面拒绝，或婉言推却，都会令送礼者感到下不来台面。

因此，在社交活动中，必须掌握送礼的技巧，才能够更好地同人交往，加深彼此的感情，促进双方的交流与合作。下面我们就介绍几种送礼的技巧，希望大家能从中受益。

1.借花献佛

假如你送的礼品是土特产，可以说是托老家人捎来的，让几位朋友尝尝鲜，东西不是什么贵重东西，也没花钱，并不是专门为他买的，只是想到了他，特意送来让他尝一尝。一般来说，收礼者听到这番话之后，那种因礼物太重而恐怕无法回报的拒礼心态会得到缓和，从而欣然收下你的礼物。

2.暗渡陈仓

如果你送的是酒水一类的礼品，可以说是别人送了你两瓶酒，然而你舍

不得自己喝，想找个知己共同分享，边饮边谈。这样可以喝一瓶、送一瓶，既送了礼，也拉近了彼此之间的关系，并且不显山不露水，是一个上好的送礼之道。

3.借风使船

有时你想送礼给人，然而对方却与你没有什么关系，这种情况下，不妨选送礼者的生日或结婚的日子，邀上几位熟人同去送礼祝贺，那样收礼者便不好拒绝了。当其知道这个主意是你想出来的时候，必定会改变对你的看法。通过大家的力量而达到送礼联谊的目的，不失为送礼的上上之策。

4.下不为例

有人曾经询问过不少对送礼之道颇有研究的人，问他们一旦对方不好意思收礼或者是不敢收礼时应当如何处理。得到的回答是，这时候最好的方法就是极其诚恳地跟受礼者说："只此一次，下不为例。"说了这句话，对方十有八九会接受。

5.射将先射马

如果你想给一位先生送礼，那么最好的送礼对象不是他，而是他的妻子。道理很简单，如果你的礼物送给他的妻子，妻子会非常高兴地笑纳。这样，她就能成为你的盟友，而她的丈夫也会很快被她拉拢。而且，当你给他的爱妻送礼时，他也会有一种莫名其妙的骄傲感，会显得异常地轻松愉快；即便他不愿接受，然而在爱妻面前，他也只好强装笑脸。这种送礼方式利用了夫妻彼此相爱相容的心理，所以能够轻松地达到送礼的目的。

6.异曲同工

有时候，送礼并不一定非要自己掏钱买，然后大包小包地送到收礼人的手上。在某种情况下，人情也是一种无形的礼物。例如，如果你能够通过一些关系买到出口转内销、出厂价、批发价、优惠价的东西，当你将这些购买渠道介绍给朋友或同事之后，他们在买到东西的同时，也会将你的这份情当作礼物收下了。你一分钱不用花，只不过搭上了一点人情和工夫，收到的效果和送礼并无二致。收礼者因为自己花了钱，所以收东西时心安理得，不再有什么顾虑；而送"情"者则是无本得利，既让别人收到了礼，又让别人对你心生感激，可以说是一箭双雕。这种避嫌、实惠的送礼方法尤其适用于上下级之间及彼此存在利益关系者。只要不损害国家和他人利益，实不失为送礼的妙招。

用小礼物送出大情意

礼物代表了送礼人对收礼人的心意，是一种感情的寄托。这种心意或表示感谢，或表示祝贺，或表示友情，或表示孝敬等。因此，选择礼物的时候要能够表达自己的感情，并能让收礼者觉得礼物别具一格，以达到增加情谊的目的。在人情往来中，最贵的礼品并不一定是最好的，只有那些根据对方兴趣爱好选择的，有着深层的意义而又耐人寻味的礼品才是最好的。正所谓"千里送鹅毛，礼轻情义重"。好礼物不在于贵贱，而在于是否用心，是否能够赢得对方的真心喜欢。

清朝中堂大人李鸿章的夫人要过50岁寿诞，满朝文武为了讨好奉承他，忙得团团转，都备了厚礼前往祝寿。合肥一个知县得知了这个消息，他也想去送礼，然而一个小小的七品知县拿不出什么体面的厚礼，他十分头疼。师爷见状，对他说："这事容易，我给您出个主意，让您一两银子都不用花，不仅能够让中堂大人心花怒放，使您的贺礼列于他人礼品之上，而且保证您的贺礼最为瞩目。"知县听了半信半疑，于是问师爷："这么好的礼物到底是什么？""其实，就是一副普普通通的寿联。"师爷回答。知县听完之后，脑袋摇得跟拨浪鼓似的，连说不行，师爷接着说："请大人放心，这礼品准保中堂大人喜欢，但是，这寿联必须由我来写，您亲自送上，请中堂大人过目。"知县说："你敢保证？""我敢保证。"知县这才答应了下来。

第二天，知县带着师爷写好的寿联上了路。他昼夜兼程赶往京城。等到祝寿之日，来到李鸿章面前，跪拜之后便道："卑职合肥知县，受人之托，前来给夫人祝寿。"

李鸿章随口应了一声叫他站起来，知县忙拿出寿联，将上联先打开，李鸿章一看是："三月庚辰之前五旬大寿。"李鸿章心想：夫人二月过生日，他写了"三月庚辰之前"，还算聪明。正想着，知县又"哗啦"一声打开了下联，李鸿章一见，忙双膝跪地。原来下联写着："两宫太后以下一品夫人。""两宫太后"指当时的慈安、慈禧，李鸿章见"两宫"字样，不由自主地就双膝跪地了。于是，他命家人摆上香案，将此联挂在《麻姑上寿图》两边。这副寿联果然成了李鸿章最为赏识的一份贺礼，也成了众礼品中最为出色的一份。

这个故事告诉我们，礼物不在轻重，虽然只不过是一份小小的寿联，却起到了金银财宝无法比拟的作用。因此，在社交活动中送礼的时候，我们要明白一个道理，好礼物不等于贵礼物，"轻"礼往往也能够表达深厚情谊。那么，怎样才能够做到"礼轻"而又"情谊重"呢？

1.最好选择对受礼人有特殊意义的礼物

当你在选择礼物的时候，首先要想清楚的是受礼人最看重什么礼物，也就是说，什么礼物对收礼人来说最重要。如果能够知道对方重视什么并能够馈赠给他，无疑是将礼物送到了对方的心坎里，对方必定满心欢喜地接纳，并会非常看重你的礼物。

在结婚20周年纪念日，罗伊送给太太罗西塔一座一米宽、一米半长的木制娃娃屋作为礼物。因为罗伊不时听到太太讲，她小时候最大的梦想就是拥有一座娃娃屋，但是这个愿望始终未能实现，所以他就送给了妻子这份她梦寐以求的礼物。他的妻子说："罗伊最了解我，他知道我童心未泯，因此送给了我一份最能打动我内心的礼物。"

2.送对方想要却还没有拥有的礼物

在平时的闲谈中应加以留心，有的时候，你对一个人的真正需求的了解可能比他自己还要清楚，因为别人不经意之间流露出的一句话往往是他内心深处发出的语言。说者无心，听者有意，如果能够记住他的需要，而且投其所好，他往往会对你万分感激。

有位母亲在医院动完小手术回到了家里，她发现餐桌中央换了新的摆设，是两个儿子欢迎她回家送的礼物。看见新摆设，她才回想起原来的那个已经陈旧，她一直想换掉。而这份礼物正是她需要，也是她想要的。

3.要花时间和心思

如果你的确在一份礼物上花费了时间和心思的话，它带给对方的快乐绝不是灿烂夺目的金银珠宝可以媲美的。

薇儿的母亲过65岁生日时，她特意将母亲一盒散放的照片拿出来，并在上面一一注上说明，之后又分别贴在相簿上，以其作为母亲的生日礼物。这个不起眼但是细心的举动让她的母亲无限欢喜。

礼物的选择要因人而异

在人际交往中求人办事送礼时，要想达到送礼的目的，重要的一点就是要送对礼，要将选择好的礼品在恰当的时候送给所求的人，才能够让人高兴。同时，送礼要看对象，对于不同的对象，要考虑其民族、国籍、年龄、辈分、个人爱好等各个方面的因素，因为不同的人，其生活是有差别的，因此，送礼的时候要因人而异，这样才能够送对礼。

张敬尧最初是一个学说书的。日子拮据、生活困难的时候，他还能够耐着性子学说一段，但是后来觉得说书整天奔波，非常辛苦，于是利用一个偶然的机会，浑水摸鱼，进了北洋军队。

虽然他并无真才实学，但有一套不错的嘴上功夫。于是，依仗着自己能说会道的本事，他很快从排长升到了营长，然而他还是不满足，仍旧一心想往上爬。眼瞅着别人芝麻开花节节高，自己老在原地踏步，他心里异常焦急，于是整天搜肠刮肚地想主意，想着如何找到门路。

一个偶然的机会，他从某处打听到袁世凯的宠妾杨氏非常喜欢喝进口的白兰地名酒，而且酒量不浅。得知这个消息之后，他暗自庆幸，觉得终于能够叩开袁世凯的大门了。于是，他经常私底下送给杨氏精装的白兰地。再说杨氏这边，由于经常无故收到一箱箱不署名的人送的"白兰地"，她一边高

兴一边纳闷，过了半月有余，经过暗中察访，才知道是一个名叫张敬尧的营长送来的，内心自然万分欢喜，于是亲自召见。张敬尧一见面，即"师母"长、"师母"短，夸得杨氏心花怒放。

自此以后，张敬尧通过打通杨氏的关系，在袁世凯那里逐渐得到了重视，没多久就升到了旅长。

张敬尧之所以能得到高升，凭借的就是给杨氏送去的好礼物。因此，请人办事时不仅需要送礼，还要会送礼、送对礼才行。

求人办事，不能够盲目送礼，不是说礼物贵重别人就喜欢，也不是送贵重的礼物就一定能够办成事。只有了解别人的兴趣爱好，因人而异，投其所好，才能够将礼物巧妙地送出去，让对方开开心心地接受，这样一来，求人办的事情就十拿九稳了。

拒绝他人赠礼时的规矩和礼仪

中国有句古话："官不打送礼的。"意思是说，无论多么严厉的人，都不好意思当面直斥送礼的人。在生活中，同样会遇到这样的事情，如果别人送来的礼你不能收或者不想收，而又不便直接拒绝，那么应该怎么办呢？下面我们详细介绍下礼貌拒绝送礼人的方法。

1.婉言拒绝

收礼人可以用委婉的语言或向送礼人表明自己拒绝礼物的态度。关于这一点，我们可以看看王安石是怎么做的。

王安石，江西临川人，字介甫，号半山，是北宋杰出的政治家、改革家、思想家和文学家。他一生为官清廉，一身正气，两袖清风，刚正不阿，对于官场中溜须拍马、徇私舞弊、行贿受贿等行为深恶痛绝。

一次，一位客人拜会王安石，带了两件家藏古物——古镜和宝砚，并准备将这两件东西送给王安石。王安石仔细一看，的确是世间难得的稀罕物，但是他不能接受，于是他故意问客人："这镜子和砚台有什么特别的好处？"客人说："你看这镜面光滑透明，近照人影一致，可远照两百里物和景；再看这砚台石质又细又密，不伤笔，又省墨，不信你呵口气试试，马上就能得水，实在是一方宝砚。"王安石哈哈大笑："两件都算是稀奇宝物，对我来说可没有多

大作用啊。我的脸还不如碟子大，哪里需要用什么能照两百里的古镜呢？再说你的砚台能一呵气就得水，又有什么用？哪怕得到一担水，能值几个钱？"就这样，王安石婉言拒绝，把镜子和砚台都还给那客人了。

2.直接拒绝

直接拒绝，也就是当面直截了当地向送礼人表明自己拒绝接受礼品。当场拒绝的时候，立场要鲜明，态度要诚恳，要做到柔中带刚、义正词严，不让送礼人有回旋的余地。例如，拒绝别人所赠的大额现金时，可以说："我们有规定，接受现金馈赠一律按受贿处理。"如果是比较贵重的礼品，可以说："我们公司规定，凡是收到的礼物必须登记上缴，所以，您还是别破费了，你的事情能办我一定会尽力的。"

3.旁敲侧击

送礼人在送礼的时候采取的方式多种多样，如他们会借助亲情、友情、老乡感情等理由进行掩盖，让人难以拒绝。倘若遇到这种情况，可以对其旁敲侧击，举一些自己身边的事例作为回绝的理由，例如，"最近我们单位这些事查得挺紧的，某某就是因为收礼结果丢了工作，虽然咱们是好朋友，但是还是很难避嫌，千万不能在关键时刻让人误会。"

4.事后归还

有时候，送礼人会在大庭广众之下将礼物赠送给你，这种情况下，如果当面拒绝，会让送礼人没有台阶可下，此时可以采取事后归还的方法进行处理。应当注意的是：要及时归还，最好在24小时之内物归原主；不要破坏商品包装，如果其中有一些易坏的食品，最好能够买一些新鲜的送回去，或是用价值相当的礼物回赠。

送客的礼节，你懂得多少

送别宾客时留给宾客的印象叫"末轮印象"。如果留给宾客的首轮印象良好，但送别时有失礼貌，同样会给宾客留下不好的末轮印象，使你的招待工作以失败告终。送别是接待对方的最后环节，一定要有始有终，谨慎细心。如果处理不好，将影响整个接待工作，你前面付出的所有努力也会前功尽弃。

俗话说："出迎三步，身送七步。"在应酬中，迎来送往是社会交往接待活动中最基本的形式和重要环节，可以表现出自己的情谊和礼貌。尤其是送客，它是给客人留下深刻印象的关键点，能让人看出你是否是一个善始善终的人。以下是几个送客的小技巧。

1.不同的对象采取不同的方法

送客时，对长辈和年老体弱者，要扶下楼或送出院门，走到平坦之处再与之道别。对贵客或生客，应一边谈笑，一边往前送，直到对方再三劝阻，这时应向对方发出"以后再（常）来"的邀请。对初次来访、地形不熟的客人，应主动向他介绍交通情况，帮助选择回程路线，或送到车站、路口，以免客人走错路。

2.客人先提，婉言相留

道别应当由来宾率先提出来，假如主人首先与来宾道别，难免会给人以厌客、逐客的感觉。在道别时，来宾往往会说"就此告辞""后会有期"。而此刻主人则一般会讲"一路顺风"。这里，大家一定要注意要记得婉言相留，表达自己依依不舍的心情，这样对方才会感到你的重视。

3.握手惜别，表达关心

不仅见面的时候可以用握手表示欢迎，在送别的时候也可以用握手表示自己的依依不舍之情。在对方离开前，我们应主动询问他是否熟悉回程路线，以及搭乘交通工具的地点和方向，尤其是对远道而来的访客，更应该表达关心之情。

4.重温话题，热情相送

送客时温习一下谈得高兴的话题。无论是朋友来访，还是业务上的往来，当对方走时，作为东道主，一定要热情相送，不要一出门对方说"请留步"，你就不送了，更不能对方刚一出门就把门关上。

5.注意自己的行为举止

当客人提出告辞时，我们要等客人先起身，然后再起身，并且代客人取下衣帽或者协助他们穿上外套等。应先于客人走到门口，为客人开门，并用手势招呼客人出门，等客人出门后，自己再出门。

中国古代就有"折柳送客"这一习俗。所谓折柳相送有三层含义：其一，表示挽留之情，因为"柳"与"留"谐音，以示主人的不舍；其二，表示惜别之意，朋友相别，依依不舍之情，犹如柳丝飘悠；其三，祝愿客人随遇而安，因为柳枝具有插地即活的特性，也寓意客人随处皆安。

第 07 章

宴请的礼仪：推杯换盏间不忘餐桌上的规矩

点菜的规矩和学问

商务人士经常要参加商务活动，免不了各种商务宴请，参加不同的商务宴请，不管是何种形式，都需要有人点菜，虽然点菜看起来是一件很平常的事情，但是里面也大有学问。因为点菜是宴会的初始阶段，它对整个宴会的成功与否有很大的影响。如果点菜不得法，就可能会引起部分客人的不满，影响整个宴请的效果，甚至会对工作产生影响。所以说，点菜也是一种技巧、一门学问。

1.由谁来点菜

吃饭的时候点菜人的选择非常讲究，一般来说，要看请客的是谁、被请人的身份及彼此之间的关系。因为彼此之间利益关系及身份地位的不同，会有几种不同的点菜方式。这里有以下几点需要注意：假如是自己宴请别人，应当先让客人点菜，之后自己加菜；如果客人是外地人，对本地的饮食不了解，则尽量自己点菜，注意照顾客人的口味；如果是陪同上司进餐，那么不要因为敬重上司或是认为上司应酬经验丰富而让他先点菜，这样会让上司觉得不够体面，一般情况下，会将点酒水的权利让给上司。

2.点什么样的菜

（1）如果是宴请外宾，应当选择有中餐特色的菜肴，如蒸饺子、狮子头、烤鸭等，因为这些菜有鲜明的中国特色，容易受到外国人的欢迎和喜爱。如果是宴请外地的朋友，则可以选择代表本地特色的菜肴，如湖南的毛家红烧肉、西安的羊肉泡馍、上海的红烧狮子头等。点一些能够代表当地饮食文化的特色菜，往往比千篇一律的炒菜或海鲜更让人难以忘怀。

（2）要注意荤素搭配，如鸡、鸭、鱼、牛、羊、猪等肉，一般各点一样即可；烹调的方式也要尽量各不相同，如煎炒烹炸、凉拌、锅仔等。这样一方面能够增加不同的口味，另一方面也是因为烹调时间的不同可以陆续上菜，就不会出现等半天也不上一个菜或菜突然全上齐的局面。

3.点菜技巧

（1）浏览菜单。如果没有提前订餐，那么应当等大多数客人来到之后，请他们浏览菜单，并点菜。如果客人出于客气而不点菜的话，也要礼貌性地请客人点。让客人浏览菜单的一个好处就是让他们了解菜的品种及价格。

（2）全方位了解。如果想要宴请成功，点菜的时候就一定要做到全方位了解。

①了解宴请的人数，如果不知道宴请多少人，点多点少都不合适。

②了解客人的饮食习惯、民族风俗、饮食禁忌等。

③了解客人的性别和年龄。

④了解菜品的搭配、荤素的搭配及肉类的搭配。

⑤了解宴请的花费。假如是普通的商务宴请，一般每道菜平均价格在50~80元即可。如果宴请的对象是身份地位比较高的人物，就要点几道有分量的菜，如龙虾、刀鱼、鲥鱼，甚至是鲍鱼等，以示对其尊重。

4.不同场合的点菜技巧

（1）如果双方是初次见面，主人点菜的原则就是体面、周到，不要铺张浪费。最好在点菜之前能够进行非正式的谈话，缓和氛围，促进了解，以

便在宴席间能够谈笑风生，不会太过拘谨。

（2）商务谈判中的宴请要讲究档次和规格，要做到简约精致，最好将宴请的地点设在环境优雅、格调比较高的酒店。点菜的时候，主方应当主动点菜，或将菜单递给客方，请他们点菜，当然这些都是礼貌性的谦让，最后做主的仍然是主方。

5.赴宴者点菜技巧

如果是参加别人的宴请，身为客人，主人请你点菜的时候，不能自作主张，不能拿着菜单翻来覆去地看起来没完，更不要看见一道菜点一道菜，这都是极为失礼的表现。一般来说，赴宴者可以点一个价格合适又符合大众口味的菜，而且可以征求一下其他人的意见，询问一下他人，例如，"有没有哪些忌口"，或是"比较喜欢吃什么"，让大家感觉到你的尊重，也照顾大家的口味。

敬酒的礼仪和规矩

俗话说："无酒不成席。"在大大小小的商务宴会上，推杯换盏、觥筹交错是少不了的。而敬酒也是酒席上不可缺少的一个过程，敬酒既能表达自己对他人的尊敬，又能调节整个宴会的氛围，使其更加热烈。但是，敬酒的时候也要遵循一定的礼仪，我们要注意以下几点：

1.斟酒的礼仪

敬酒之前要先斟酒，一般来说，在宴会上，除了主人和服务人员外，宾客不要主动为他人斟酒。如果主人亲自斟酒，要挑选宴会上最上等的酒来斟，宾客则要起身站立，双手端杯，待酒斟满后要向主人致谢。如果不想喝太多，可以将手掌护在酒杯之前，说声"够了，谢谢"。这时，斟酒者也要适可而止，不可强行斟酒。斟酒的时候，除了白酒和啤酒可以斟满外，其他的酒无须斟满。

2.敬酒的顺序

如果参加宴会的宾客很多，那么敬酒应当按照什么顺序呢？一般来说，应以年龄大小、职位高低及宾主身份为顺序，分清主次，避免出现尴尬的情况。如果对他人的职位、身份不了解、不清楚，也应当按照统一的顺序，不可隔着人敬酒，如可以从自己身边按照顺时针方向开始，或者依照从左到右、从右到左的顺序依次敬酒。

3.敬酒的举止

敬酒一般分为正式敬酒和普通敬酒两类。

（1）正式敬酒。主人应当在宴会开始的时候，先向集体敬酒，并说祝酒词，祝酒词的内容可以稍长，但最好不超过5分钟。当向集体敬酒的时候，无论主人还是来宾，都应当站起身，面带微笑，手端酒杯，面向大家。

在主人向集体敬酒并说祝酒词期间，所有人应当停止进餐或用酒，并保持安静。主人提议干杯的时候，在场所有人都应当站起来，端起酒杯，互相碰一下，以示庆贺。按照国际惯例来说，敬酒不一定要全干，但是，即便平时滴酒不沾的人，出于礼貌，也要端起酒杯，浅浅地喝上一口。

当来宾向大家敬酒的时候，祝酒词要简短，几句话就可以。例如："诸位，祝愿我们合作愉快，干杯！"

（2）普通敬酒就是主人在正式敬酒结束之后，主人和来宾之间、来宾与来宾之间都可以互相敬，互相向对方说几句简短的祝酒词。

当他人向你敬酒时，最好起立，然后将酒杯举到眼的高度，目视对方，等对方说完祝酒词或"干杯"之后再喝。喝完以后，还要手拿酒杯和对方对视一下，然后落座。

在中餐里，关于敬酒还有一个讲究，那就是：当主人单独向你敬酒之后，要回敬主人一杯。回敬的时候，要右手举杯，左手托杯底，与对方同时喝。干杯的时候，可以轻轻地和对方碰下酒杯，不要用力过猛，不必非碰出声响，出于对主人的尊敬，要使自己的酒杯稍微低于对方。假如和对方相隔较远，则可以以酒杯杯底轻碰桌面，表示和对方碰杯了。

而在西餐中，用来敬酒和干杯的酒一般都是香槟。而且只敬酒，不劝酒，不真正碰杯。敬酒时不能越过自己身边的人和距离较远的人干杯，特别是不能交叉干杯。

4.敬酒的时机

在宴会上，很多人想要敬上司酒，但是总是犹豫不决，抓不住时机，整场宴会下来，都没有向上司敬杯酒。向上司敬酒是一个很好的与上司拉近关系的机会，找个好时机，说几句祝酒词，能够赢得上司的好感，或许能多聊几句，加深彼此的印象，所以该敬酒的时候要鼓足勇气，不能被动。至于敬酒的时机，可以等其他身份高的人敬完，并等上司吃口菜之后再敬，不要太顾忌身份的差异，俗话说"酒场上无大小"，敬酒是尊敬对方。另外，酒桌上免不了有话题说完的时候，此时可能会冷场，如果遇到这种情况，可以马上去敬上司的酒。但是要注意，敬酒应当在特定的时间，而且在不影响来宾用餐的前提下进行。

吃工作餐要注意的礼仪

身为公司职员，经常用一些商务性的工作餐。很多人虽然参加了不少次工作餐，但是对其礼仪并不知晓。有一些失礼的行为也并不在意，导致别人心中极为不满，所以商务人士应当掌握一些工作餐礼仪方面的知识，保证有得体的举止及正确的饮食方式，以免在餐会上贻笑大方。以下是参加工作餐时应当遵循的礼仪：

1.座次安排

工作餐不是正式的商务活动，在座次上没有太大的讲究，但是仍要注意几点细节方面的问题。

一般来说，共进工作餐的人士应当尽量在同一张餐桌上就餐，如果同一张餐桌上安排不下，则最好选择一个能够容纳全体人员的包间。如果分桌就座，就没有主桌与次桌之分。但是一般情况下，主人和主宾所在的餐桌可以被视为主桌。

在餐桌上就座时，座次没有太大的讲究。不过出于礼貌，主人不应当率先就座，而是应当等宾客入座之后，自己再入座。如果主人为主宾让座，一般应当请对方就座于较好的座次，如主人的右侧或是正对面，或面对正门之处，或视野开阔之处，以便使主宾能够观赏优美的景致。

2.菜肴选择

工作餐与正式的宴会或会餐不同，不讲究排场，只要吃饱就达到目的了。所以菜肴无须过于丰盛，而是应当以简单为主，要选择清淡可口的饭菜，并要保证让众人吃饱。另外，进行工作餐的时候，最好不要喝烈性酒，以免耽误正常事务。

3.席间的交谈

进行工作餐时，讲究的是吃饭办事两不误。而且由于工作餐时间短，宾主双方就有关实质性问题可以尽早交谈，宜早不宜迟，不要等到大家都吃饱喝足之后才开始交谈，那时候时间通常不够用。此外，进餐的宾主百忙之中抽出时间共进工作餐，目的是在吃饭的同时谈论正事，所以宾主交谈之时要紧扣话题，不宜节外生枝，也不宜天马行空地谈天说地。自己说话时，不要东拉西扯，插科打诨，夸夸其谈；他人说话时，要专心倾听，既不要随意打断别人的讲话，也不要与其他人窃窃私语或七嘴八舌。

交谈的时候，要注意不能影响他人用餐，讲话的时候要懂得张弛之道，该讲的时候讲，该停的时候停。听他人讲话时，嘴里不要咀嚼东西，更不能发出声响。

4.终止用餐

进行工作餐时，要掌握终止的时机，一般来说，一旦拟议的问题谈妥，工作餐即可结束，不要非得进行到某一时间不可。

通常来说，宾主双方均可提议停止用餐。客人长时间地默默无语，或不停地看表，主人将餐巾放在餐桌之上，或吩咐侍者前来结账，都是结束工作餐的信号。不过，在终止工作餐的问题上，主人往往要更为主动一些，要懂得观察众人，一旦到了该结束的时候就要提议结束。特别是客人提出有其他的事情要忙，或宾主双方接下来都有各自的事情要处理时，主人更应当及时地终止工作餐，宣告结束。但是，如果有人还没有结束用餐，或席间有人正言谈甚欢时，不宜提出终止用餐。另外，在工作餐的进行中，中途离去或不辞而别，都是有失礼貌的行为。

5.餐费的结算

在餐费的结算问题上，按照惯例，应当由做东者负责，但实际中，工作餐的付账方式有主人付费与各自付费两种。

（1）主人付费是指工作餐结束之后，由做东者负责结账。如果宾主双方初次相识，或交往不深，做东者不得在客人面前算账掏钱。正确的做法应当是，做东者先吩咐侍者，然后独自前往收款台结账，也可以先将客人送走，回过头来再结账。尽量不要让侍者当着客人的面口头报账，更不能让侍者将账单错递到客人手中。但是，如果宾主彼此熟悉的话，做东者可以在餐桌前当着客人的面付款。

（2）各自付费指的是工作餐结束之后，餐费由全体用餐者共同支付，即各自支付各自应当支付的餐费，这种方式也被称作"AA制"。在国外，商界人士共进工作餐后，多是以此种方式结账。但采取此种结账方式时，应当事先说明，不要等大家都吃完之后再说，否则会导致场面极为尴尬。不过还要注意一点，那就是结账的时候，无论采取哪种付费方式，都要符合当地的习惯。如果因为考虑不周而遭人非议的话，那就明显是做东者的失策了。

吃西餐要注意的礼仪

如今，交流国际化的趋势越来越明显，人们与西方人的交流也越来越多，同样，西方人在用餐的时候也有一套自己的礼仪。所以了解西餐礼仪也是极为必要的。

1.用餐时的着装

欧美人非常重视用餐时穿着是否得体。如果是去高档的餐厅，男士一般要穿整洁的上衣，打领带，穿西裤、皮鞋，不可以穿休闲的衣服；女士要穿套装和有跟的鞋子。

2.就座

赴宴时，座位礼仪也是很重要的，根据西方礼仪，最舒服的位子要让客人坐。假如桌子位于角落，那么客人的座位应当背墙，以便让其有一个良好的视野。另外，要从椅子的左侧入座，椅子被拉开之后，身体在椅子的前面几乎到达桌子的距离站直，这时候领位者会将椅子推进来，当椅子碰到腿弯的时候就可以坐下来了。

3.坐姿

用餐的时候，上臂及后背要靠到椅背，腹部和桌子之间保持一个拳头的距离，两脚平放，最好不要交叉或向前伸直。

4.点菜

西餐的上菜顺序是前菜和汤、鱼、肉类、乳酪、甜点和咖啡、水果，此外还有餐前酒和餐酒。不必全点，点得过多而吃不完的话，反而失礼。不可只点前菜。最好的组合是前菜、主菜（鱼或肉择其一）加甜点。点菜时，并不是非要由前菜开始点，而是应当选一样大家都爱吃的主菜，然后选择与主菜相搭配的汤。

5.点酒

在西式餐厅里，点酒的时候会有善于品酒的调酒师拿来酒单，所以对洋酒不是太了解的人，可以告诉调酒师自己挑选的菜色、预算及喜爱的酒类口味，然后请调酒师帮忙挑选合适的酒。

6.餐巾的正确用法

就座之后，用餐之前，可以铺开餐巾。点完菜后，在前菜上桌之前，将餐巾打开，三分之二平铺在腿上，盖住膝盖以上的双腿部分，其余的三分之一往内折，不要将餐巾塞入领口。

7.品酒与喝酒

点酒时，服务员通常会将少量酒倒入酒杯，然后让客人品尝一下，辨别品质是否有误。品酒时，为了避免手的温度影响酒的温度，应当用大拇指、中指及食指握住杯脚，小指放在杯子的底部。当然，这只是一种形式，品鉴者可以随意喝一小口并肯定其品质。接着，侍者就会倒酒，这个时候，不要去端酒杯，而是应当将酒杯放在桌子上，由侍者去倒。

喝酒的时候，不可以吸着喝，而是应当将酒杯倾斜，像是把酒放在舌头上一样去品尝。喝酒之前，可以轻轻摇晃酒杯，让酒与空气充分接触，以增加酒香，但是不要猛烈地摇晃。此外，酒要慢慢地品，不能一饮而尽，也不能举着杯子，透过杯身看人，这都是不礼貌的行为。女士喝酒的时候，杯子上如果留下口红印，不要用手指去擦，而是应当用面巾纸擦。

8.喝汤

喝汤的时候也不能吸着喝，而是要先用汤匙把汤舀起，然后将汤送入口中，汤匙与嘴部最好呈45°。喝汤时，身体上半部稍稍前倾，碗中的汤即将喝完时，可以稍稍将碗抬高。如果使用的是有握环的碗，就可以直接抓住握环端起来喝。

9.吃面包

吃面包的时候，不要张口就吃，而是要先用两手将面包撕成小块再拿来吃。吃硬面包时，就不宜直接用手撕了，因为用手撕不仅费力，而且面包屑也会掉得到处都是，这时，可以用刀子将面包切成两半，再用手撕成小块吃。注意用刀切面包的时候，不要像拉锯一样割面包，且不要弄出声响。

10.吃鱼

因为鱼肉鲜嫩易碎，应当注意切鱼的方法。首先，用刀在鱼鳃附近划一条直线，刀尖不可刺透，刺入一半即可。把鱼的前半身刺开之后，由头开始，把刀子插在骨头下方，其次向鱼尾方向划开，把针骨剔掉并挪到盘子的一角。最后再把鱼尾切掉。由左至右，边切边吃。

11.刀叉的使用原则

基本原则是右手拿刀，左手拿叉。正确的拿法是，轻握住刀叉的尾端，食指按在柄上。汤匙则可以用握笔的方式去拿。如果不习惯，可以换成右手拿叉，但是不要频繁更换，那样会显得粗野。

12.中途休息时刀叉的摆放

如果中途想要稍微休息，应当把刀叉摆成八字形状，放在盘子的中央。刀叉部分露在盘子的外面，既不安全，也不美观。在餐桌上，千万不要一边

说话一边挥舞刀叉，不要夸夸其谈。同外国人吃饭不必太过客套。如果是你请客，不要让客人看见账单的金额，不要对账单质疑或议论价格；如果你是客人，要向请你吃饭的主人道谢，应当在餐厅外进行，不要在付账时道谢。

餐具的使用有讲究

人们进餐的时候，少不了使用餐具。餐具既是进餐时的工具，同时也是一种陈设，是否能够合理地使用餐具，也体现出一个人的礼仪修养。我们在日常生活中，参加宴会是必不可少的，既有中式宴会，有时候又会出席西式宴会。在诸多商界人士面前，如果不懂得这些餐具的使用礼仪，会有损自己的颜面，所以懂得如何使用餐具非常重要。

1.中餐餐具

（1）在中餐里面，最为主要的餐具是筷子。使用筷子的时候，必须要成双使用，用筷子夹菜时，需要注意下面的问题：

①筷子的作用是夹取饭菜，不可以挠痒，也不能夹取除饭菜以外的东西。

②无论筷子上是否有食物残留，都不要伸舌头去舔，因为用舔过的筷子再去夹菜，别人看了始终都不舒服。

③与人交谈时，要暂时将筷子放下，不能一边同人交谈，一边拿着筷子手舞足蹈。

④不可以将筷子插在食物上面，因为中国的习俗里，只有祭奠死者的时候才会用这种方法。

⑤饭菜上来之前，要静静等待，不能拿筷子敲碗或敲桌子。

（2）中餐里，勺子主要是用来舀取汤汁和食物的，用筷子取食的时候，可以用勺子做辅助，但是尽量不要用勺子单独取菜。用勺子取食物时，不要舀得太满，以免食物溢出，弄脏餐桌或衣服。在舀取食物的时候，可以在远处稍微暂停一会儿，等汤汁不再往下流的时候移过来享用。

暂时用不到勺子的时候，应将其放在自己前面的碟子上，不能直接放在桌子上。用勺子取的食物要放在自己的碟子里，不能将其倒回原处。如果舀出来的食物太烫，不可以用勺子舀来舀去，也不可用嘴对着勺子吹，而是应当先将食物盛进自己碗里，等凉之后再吃。另外，不要将勺子含在嘴里，或是伸出舌头不停地舔。

（3）中餐的碗能够用来盛饭、盛汤，用餐时可以手端着饭碗就餐，端碗的时候要注意，用左手的四个手指端着碗的底部，拇指放在碗边沿上。

（4）汤盅用以盛放汤类食物。使用汤盅时需注意一点：如果将汤勺取出，放在垫盘上，并将盅盖反转平放在汤盅上，表示汤已经喝完。

（5）中餐里盘子有很多种，稍微小点的叫碟子，主要用于盛放食物，作用与碗大致相同。用餐时，盘子在餐桌上一般要求保持原位，且不要堆在一起。需要特别注意一种用途较特殊的盘子——食碟。它在中餐里的主要作用是暂时盛放从菜盘中取来的菜肴。使用食碟时，不要放过多的菜肴，那样看起来既狼藉杂乱，同时又显得自己贪得无厌，有失风雅。吃剩下的食物残渣及骨头、鱼刺等不要吐在饭桌上，而是应当放在食碟的前端。另外，不要将骨头等直接吐在食碟上，而是应当用筷子夹取到碟子的前端。如果食碟放满，可招呼服务员更换。

（6）中餐里的水杯主要用来盛放白开水、果汁、汽水等一些软饮料，不可用水杯盛酒，也不能将水杯倒扣过来放在桌上。另外，喝到嘴里的东西不能再吐回水杯里，这是不雅的行为。

（7）牙签是餐桌上的必备之物。牙签的作用有两个：一是取食物，二是剔牙。用餐时不能当众剔牙，如果确实需要剔，应当以手掩住口部，剔出来的食物不要随手乱弹或随口乱吐。剔牙后，嘴里不要叼着牙签，也不要再用它去扎取食物。

（8）在中餐厅里，用餐的时候一般都会为每位用餐者准备一块湿毛巾，很多人不懂湿毛巾的作用，往往用其擦脸或擦汗，其实这是错误的，这块湿毛巾是用来擦手的。擦完后，应当将其放回盘子里，然后由服务员拿走。宴会结束后，服务员会再送来一块湿毛巾，这块湿毛巾也不是用来擦脸或擦汗的，而是用来擦嘴的，用餐者应当注意。

2.西餐餐具

西餐的餐具与中餐的有很大的区别，用法上也存在很大的差异。一般来说，经常用的有刀、叉、勺等。西餐的刀、叉、勺各有其用，不能替代或混用。

（1）刀是用来切割食物的，进食的时候，不要用刀挑着食物往嘴里送。应当右手拿刀，左手拿叉。用餐的时候，如果餐桌上有三种不同规格的刀，正确用法如下：带小锯齿的用来切肉制食品；中等大小的用来切大片蔬菜；刀尖是圆的，顶部略微上翘的小刀则是用来切面包的，切开后，用它再挑些果酱、奶油涂在上面。

（2）叉子要用左手拿，用叉子往嘴里送食物的时候动作要轻。可以叉起适量的食物一次性放入口中，牙齿只可碰到食物，不要咬叉子，切东西或叉东西的时候不要让刀叉在盘子中发出声响。

（3）在正式的西餐中，勺子有很多种：小的用于喝咖啡和甜点；扁平的用于涂黄油和分食蛋糕；比较大的用来盛汤或盛碎小食物；最大的是公用的，用于分食汤。

另外，西餐在餐具的摆放上也是有讲究的：如果想要继续用餐，可以

将刀叉呈八字形放在垫盘上，刀口向内，叉尖向下；如果已经吃饱，不想进餐，则可以将刀叉平行摆放在垫盘上，刀口向外，叉尖向上；如果将汤勺横放在汤盘内，匙心向上，则表示用汤餐具可以撤走了。

餐桌上的规矩和禁忌

我国有句古话："民以食为天。"古代人非常重视饮食，而且在饮食上规定了许多礼节，也有很多忌讳。例如，孔子说过"食不言"；我们小时候吃饭时大人常说不能用筷子敲碗，这是没有礼貌的行为，可见中国饮食存在着很多禁忌。我们要注意餐桌上的忌讳，如果不知道餐桌上有哪些禁忌而浑然不觉地犯了，不仅会让别人心生反感，对你心有微词，甚至会影响到你的前途，因此，我们一定要了解哪些禁忌是餐桌上不能犯的。下面介绍十个餐桌上的忌讳。

1.打嗝

在餐桌上不停地打嗝是非常无礼的表现，这不仅会影响他人的胃口，也会破坏席间的气氛。如果真噎着了，打起嗝来控制不住，则可以用喝水及屏息的方式进行控制，如果没有什么效果，那么最好去洗手间打嗝，等打嗝停止之后再返回座位。

2.打喷嚏

如果偶尔打一个喷嚏，要在感觉到自己将要打喷嚏的时候，迅速拿起餐桌上的餐巾捂住口鼻，将污染降到最低。如果喷嚏不断，那么最好暂时离席处理。

3.补妆

这一项忌讳当然通常是对女性说的，有些女性吃饭的时候不小心破坏了

妆容，于是就在宴席上大补特补，其实这是不妥的。补妆的时候应当去洗手间或人比较少的地方进行。在公开场合补妆是一种不礼貌的行为。

4.抽烟

有些餐厅会划分为吸烟区与非吸烟区，也有些地方的餐厅不允许吸烟。为了给他人一个良好的环境，避免他人吸入二手烟，吸烟人士最好能够控制自己的烟瘾。如果真的想要抽上一支，最好在大家用完正餐之后，再去室外抽烟解瘾，这样既不会失礼也不会对他人的健康产生危害。

5.剔牙

我国餐厅里都有牙签，很多人吃完饭之后喜欢剔牙，但是一般人往往不注意，剔完牙之后到处乱吐，或是嘴里叼着根牙签跟人高谈阔论，这都是不礼貌的。剔牙的时候，一定要以手捂住口，不要让他人看到，剔完牙之后，要用餐巾纸掩口，吐在纸巾上。牙签用完之后放在自己面前的盘中即可。

6.刀叉掉落

用餐的时候如果刀叉不小心掉在了地上，只需要吩咐服务人员更换新的即可，不要自行清理掉在地上的刀叉，更不要用餐巾将刀叉擦拭之后继续使用。

7.文明用餐

用餐的时候，举止要端正，不要摇头晃脑，不要吃得满脸油汗，汤汁四溢，响声大作。多人在一桌用餐时，取菜要注意相互礼让，依次而行，一次夹菜不要过多，最好取用适量。不要在盘子里挑来挑去，也不要碰见好吃的菜就不顾别人，只顾自己狼吞虎咽。距离自己较远的菜，不要站起身伸长胳膊去取，可以等盘子转到自己面前之后再吃。

8.端碗

吃饭的时候不要用头伏在桌子上对着碗吃，而是要将碗端起来，正确的端碗方式是，要用大拇指扣住碗边，食指、中指、无名指扣住碗底。

9."吃"的学问

吃饭的时候要闭嘴咀嚼，细嚼慢咽，嘴里不要发出"吧唧吧唧"的声音，嘴里含着食物的时候不要与人交谈，那样既口齿不清，甚至还会将饭菜喷出来。送菜入口的时候不能伸长脖子，张着大嘴，伸着舌头去接菜，那是非常丑陋的吃相。另外，嘴里不要塞得太满，不然会给人留下馋和贪婪的印象。

10.食物残渣的处理

吐骨头、鱼刺及菜渣的时候，不能直接吐在桌面或地面上，而是应当用筷子或手接下，然后放在桌面上。吃饭的时候如果嚼到了沙粒或嗓子里有痰，要离开餐桌去吐掉。

第 08 章

社会公德礼仪：
出门在外要遵守
社会上的规矩

遵守社会公德也是在维护自身形象

公共场合是人比较多、环境比较宽敞的场合，能够为社会成员提供公共的活动空间，如街头巷尾、公园、车站、商厦、娱乐场所等。任何人都会出现在公共场合，是否能够遵守公共场合的秩序，遵循公共礼仪的要求，关系到社会公德的建设及个人形象的好坏。

什么是公共礼仪呢？公共礼仪指的是人们置身于公共场合时应当遵循的礼仪规范，是社交礼仪的一个重要组成部分，同时也是人们在交际应酬中应当具备的基本素质。在公共场合的行为，能够反映出自身的素质、自身的形象，所以一定不能忽视自己在公共场合的行为，要严格遵守公共礼仪，共同维护良好的公共秩序。具体来说，要遵守以下原则：

1.遵守社会公德

社会公德是人们在长期的社会生活中，根据客观的需要而形成的用以维持公共生活秩序，调节人们在公共生活中相互关系的一种约定俗成的行为规范。它以种种要求和规范维护着公共场合的良好秩序。

2.不要妨碍他人

在公共场合，我们面对的往往是与自己并无直接利益关系的人，大多数是陌生人，在这个时候我们就容易放松对自己的约束，做事情时往往只为自己考虑，事事都以自己为先，如果每个人都这样的话，那么整个社会就会乱了套。因此，在公共场合，每个人都应当有意识地约束、规范个人行为，尽量不要影响、打扰或者是妨碍到其他人。

3.注意个人的穿着

个人穿着是时时刻刻都应当重视的，有些人在正式场合穿得光鲜亮丽，魅力四射，行为彬彬有礼，如同谦谦君子，然而一旦出了这种场合，就弃个人形象于不顾，邋里邋遢，蓬头垢面，这种做法是极为错误的。作为个人，在穿着上的讲究是对自己本人负责，是个人素质的外在体现，不能因为场合的不同就完全放纵自己，不顾自身形象，尤其是在公共场合。在公共场合起码应当做的是：不能袒胸露腹，或是半穿半脱，不可蓬头垢面，要干净清爽，给人一种良好的印象。

4.注意个人行为举止

不可随地吐痰，不能乱丢垃圾，爱护公共财物。

5.文明礼貌，以礼待人

在公共场合，与他人交往时要谦逊有礼，不能妄自尊大，盛气凌人，遇到老弱妇孺，要主动礼让，必要的时候要积极地照顾。

6.不可吸烟

"吸烟有害健康"是人人皆知的道理，在公共场合吸烟，就会让别人间接地吸入二手烟，也是在危害他人。

以上只是在公共场合要遵循的一些原则，是比较笼统的说法，下面我们具体讲述在各个场合应当遵循的公共礼仪。

电梯的使用规范和注意事项

电梯在大多数人的生活中不可或缺，在很多场合我们都会用到电梯，如一些超市、大型商场、酒店及地铁里。电梯可以分为自动扶梯和升降式电梯两种。虽然乘坐电梯已经是日常生活中很平常的事情，但是乘坐电梯的时候也有礼仪要遵守。很多人就因为不懂得乘坐电梯的礼仪而造成了非常尴尬的局面。那么，为了避免这种情况的发生，乘坐电梯时需要注意哪些礼仪呢？

1.自动扶梯

乘坐自动扶梯时，要站在扶梯的右侧，不要站在中间或扶梯左侧，以免影响他人通行。如果需要从左侧通过，应当向给自己让路的人致谢。同行的老人或小孩踏上扶梯时，要主动照顾他们，避免他们跌倒。为了安全，乘坐自动扶梯时要站在每一个楼梯的中间，不可以踏在两个楼梯的交界处，以免因站立不稳而发生危险。乘坐自动扶梯上行时，"女士优先"的原则是不适用的，只有下行时才合适，因为电梯上行的时候，如果让女士优先的话，跟在后面的男士的视线正好落在女士的臀部上，这会让前面的女士感到不自在，属于失礼行为。

2.升降式电梯

（1）安全第一。等电梯时不能不停按指示灯按钮，进入电梯之后也不能一直按关门按钮。按得过于频繁，可能会导致电梯故障。一般只需要按一次，指示灯亮了，就表示电梯接收到了信号。

如果赶到电梯时，门开始关闭，不要扒门或是强行挤入，那样容易导致电梯故障。另外，如果电梯中乘客已满，或电梯超载，要自行退出，耐心等待下一趟电梯。如果电梯在升降途中遇到了故障，不要在惊慌失措之下打开电梯门或不停拍打电梯门，而是应当按求救按钮之后耐心地在电梯中等候。

（2）出入礼仪。等候电梯时，如有不相识的人，进电梯时要讲究先来后到，按次序进电梯，出电梯时要由外而里依次往外出。如果与相熟之人同乘电梯，特别是与尊长、女士或者客人一同乘坐电梯时，出入的顺序则要视电梯的具体情况而定：如果是有人管理的电梯，应当让尊长、女士或客人先进先出；如果是无人管理的电梯，那么在进电梯时可先行进入电梯，按住开门按钮，然后礼貌地对他们说"请进"。进入电梯之后，按下客人或尊长要去的楼层。对方出电梯的时候，自己在电梯里按住开门按钮，等尊长、女士或者客人出去之后自己再出去。但是也有例外情况，假如乘坐电梯的人非常多，而你又是最后一个进来的，只好站在电梯门口，电梯上升几层之后，有人要出电梯，这个时候你要怎么做呢？正确的做法是，先走出电梯，等后面的人出来之后，再走回原位。如果电梯乘满了人，那么这个时候是没有"女士优先"原则的，无论男女，谁离门口比较近，谁就要走出电梯，为他人让路。

（3）电梯运行中。进入电梯后，不要站在电梯门口，应当尽量往里走，因为可能会有人再进来，也有人会出去，在里面不会妨碍别人的出入。另外，电梯里如果只有两个人，而且相熟的话，就可以随便聊天，但是人多

的时候最好不要聊天，因为电梯里的所有人都能够听到你聊天的内容。聊天的时候太"公"了不好，太"私"了也不好，而且大家之间的距离都非常近，所以说话举止一定要注意，如果要聊的话，天气是最安全的话题。

公共洗手间的使用规范和注意事项

　　洗手间是人们使用比较频繁的地方，特别是公共洗手间，由于使用的人更多，如果不注意保持其清洁，就容易影响使用者的心情。而洗手间的使用礼仪也能够体现出一个人文明程度的高低，所以在使用公共洗手间时必须格外注意，遵守相关的公共洗手间礼仪。一般来说，使用洗手间的时候，要遵循如下礼仪：

　　首先，要懂得男女洗手间的标示，不要因为一时的慌乱而进错，那样很容易闹出笑话，也是一件非常尴尬的事情。每个地方洗手间的标记不同，但是国际上最为通用的标志是"WC"。另外，常用的标志还有：Toilet（盥洗室），Lavatory（厕所），Wash Room（洗手间），Rest Room（休息室），Bath Room（浴室），Comfort Station（休息室）。

　　男洗手间的标示有：Men's Room，Gentlemen，Gent's，Men等。女厕所的标志有：Ladies' Room，Ladies，Women，Powder Room（化妆室）等。有些洗手间也通过图案来标示，男洗手间多是烟斗、胡子、帽子、拐杖、男士头像，女士则多以高跟鞋、裙子、伞、嘴唇、女士长发头像等来表示。

　　不论男女，上洗手间的时候如果有人正在使用，就必须排队等待，一般都是在洗手间的入口按照先来后到的顺序排成一列，耐心等待。如果其中一间空了出来，那么自然是先来者先用，这是国际上通用的惯例，不要每个人

守在一个洗手间的门前，以赌运气的方式等待。

由于公共洗手间使用的人非常多，使用的时候要格外注意卫生。有些人上洗手间的时候不注意保持清洁，用完之后不清理，那样会影响下一位使用者。使用的卫生纸及卫生用品要扔到马桶旁边的垃圾桶里，不能顺手扔进马桶，以免造成堵塞。另外，上洗手间的时候不能踩在马桶上，也不要浪费卫生纸。

卫生间冲水马桶有差异，冲水手把的位置也有些不同，但是一般都在水箱旁边，有的设置在头顶，直接用拉绳来拉，有的在马桶的后方，也有一些是设置在地面上用脚踩的。如果冲水的时候怕手被污染，可以先用卫生纸包住冲水把手然后再冲水。用完洗手间之后，不要将门关严，应当留有一些空隙，好让后来者知道里面无人使用。

在飞机、火车、轮船等公共交通工具上，洗手间是男女共用的，男女在一起排队也属于正常情况，此时不必讲究"女士优先"的原则。

在欧洲某些国家，上洗手间需要付小费，有些在出口处的桌子上放置一个浅碟子，使用者出来之后可以随便放进去一些硬币，作为厕所的清洁费，也有一些洗手间在入门处就清楚地写出了使用卫生间的费用，有些需要提前付费，还有一些是机械投币式卫生间，在卫生间的入口处有一台自动投币机，只有将硬币投进去之后才能使用洗手间。

上完厕所之后记得要洗手，洗手台也会准备有手纸和烘干机。一般来说，使用完洗手间之后要先洗手，然后用手纸将手擦干净，将用过的纸扔进垃圾桶，之后再用烘干机将手烘干。烘干机大多是自动感应并有定时装置的。

如果看到洗手间门外放置有"Wet Floor"等字样的黄色告示牌，说明里面有清洁工人正在打扫厕所，这时候要耐心等待，如果着急使用的话，就要去寻找另外的洗手间了。

看表演时需要注意的规矩

在紧张的工作之余，我们都会参加一些娱乐活动，如去看看表演。在这种场合，自己的一言一行会影响到他人，所以欣赏表演的时候也要懂得一些礼仪。

1.穿着得体

如果观看正式的演出，如古典歌剧、新年音乐会等，一般都应当正装出席。男士应当穿深色的中山装或西装，内穿白衬衫，打领带，脚穿深色袜子与黑色皮鞋；女士应着单色的旗袍、连衣裙、西服套裙或礼服等，下面尽量不要穿长裤。无论男女，最好不要穿浅色或花色衣服出席，因为这些服饰会分散台上演员的注意力。但是，如果是去观看流行演唱会或是其他的普通娱乐节目，就不需要这么讲究，只要遵守观看演出的基本着装要求即可。

2.礼貌入场

演出场所都有一个规定，即演出正式开始之后，观众不宜陆续入场，以免干扰演员的表演和观众的欣赏。因此，我们在观看演出时，不得迟到。一般的演出都会提前15分钟检票，所以观看者最好提前到达，来的时候不要慌慌张张、气喘吁吁，甚至错过了一段时间的演出，这样会影响自己观赏的情绪，如果迟到，应当先就近入座，或者先在外厅等候，等中途休息时再入

场。如果入座时打扰了他人，应当赔礼道歉。

3.对号入座

观看正规演出都要对号入座，所以找座位的时候要根据入场券上的座位号寻找，不要随便找个座位就坐下来。如果不清楚自己座位的位置，可以礼貌地向他人打听；别人向自己打听时，也应当热情帮助。倘若自己的座位被人抢占，可以有礼貌地向其出示入场券，说明这是自己的座位，或请工作人员前来调解，不要与对方争吵。如果自己的座位在一排的中间，而且两侧都已经坐上了人，那么在走向自己座位的时候，应当对坐在外面的人说一声"抱歉"，并且面向对方，侧身缓步而行。

4.遵守秩序

观看演出期间，每一名观众都要自觉遵守演出场所的秩序，因为只有遵守秩序，才能够确保演出顺利成功。

（1）不要来回走动。演出一旦开始，观众就要在自己的座位上安静地观看，不可以随意走动，否则会影响其他观众的观赏情绪。如果有需要处理的事情，最好提前处理好，或等演出结束之后再处理。

（2）保持安静。观看演出时，尤其是观看歌剧、话剧等严肃剧目时，要保持安静，不要打扰演员。如果遇到了志同道合者，也不宜在现场大加讨论，如果非要讨论不可，可以在中场休息或演出结束后进行。

（3）不允许拍照、摄像。有些摄影爱好者喜欢在观看演出的时候用自己的照相机或摄像机大肆拍摄一番，但是相机的闪光灯会分散演员的注意力，甚至还会造成意外事故。就算不开闪光灯，不停地按快门的声音也会对周围的观众及演员产生影响。况且，擅自拍照还会涉及演出的版权问题，如果未经允许擅自向外发布，还可能惹上官司，那就得不偿失了。即便演出场地允许拍照，拍照的观众也要注意分寸，尽量在幕间或演出告一段落时，抓住时机拍摄。

（4）不要接打电话。进入演出场所之后，为了营造一个良好的观赏环境，避免演出时分散演员及其他观众的注意力，观看者应当将自己的手机关闭或是调到"震动"状态，绝不可在演出期间让手机铃声此起彼伏。更不要随意接打电话。

（5）不得大吃大喝。演出场所不是餐厅，一边观看演出，一边大快朵颐，饱口腹之欲，这是一种不体面的行为。所以在观看演出的时候，不要携带食物、饮料入场，尤其是不要食用带壳的食物及易拉罐式饮料。

（6）不得吸烟。所有演出场所都是禁烟的，观看演出时抽烟既会危害他人的健康，污染演出场所的环境，也会因为烟雾缭绕而影响观看效果。

（7）注意保持卫生。观看演出期间，要注意维护演出场所的卫生，不要随意丢垃圾，也不要随地吐痰。如果难以控制，可以暂作处理，并在退场时自觉带出场外，扔进垃圾桶。

（8）尊重演出人员。观看演出时，要充分尊重演员，尊重演员的劳动。每逢一个节目结束或是其中的一幕结束的时候，观看者应当热烈鼓掌，以示对演员的鼓励和支持，但不要通过吹口哨或大呼小叫等方式表达自己对演员的喜爱。鼓掌的时候要拿捏好时机和分寸，不要在演员演出期间频频鼓掌，也不要鼓起掌来经久不息，那样不仅会打断演员的表演，也会影响其他观众欣赏的心情。如果自己对某些演员或节目不欣赏，或是节目中间出了意外或其他特殊情况，不能喝倒彩、鼓倒掌，更严禁起哄闹事、驱赶或辱骂演员。观看演出时，不能大声说话或交头接耳，不随意走动。

5.观看结束时的礼仪

演出全部完毕之后，应当起立鼓掌；如果演员出场谢幕，应当再次鼓掌，而且掌声要热烈，这样才能让演员感受到观众的热情和喜爱；如果演员在台上谢幕，不可急匆匆退场，要等到谢幕结束之后再井然有序地退场。

与人跳交际舞时的礼仪

　　交际舞会又被称作交谊舞会，是一种广泛流行的社交活动，大受人们的喜爱。在式样繁多的社交聚会中，号召力最强、最受欢迎的，恐怕就是舞会了。在交谊舞会上，能够结识更多的新朋友，也能和老朋友做倾心之谈，不仅能自娱，同时也能娱人。另外，通过舞会上的交流，还能够加深感情，协调人际关系，结识新的朋友。在交际舞会上，需要遵守以下礼仪：

　　1.穿着得体

　　参加交际舞会时，要穿着得体的服装，总体来说，服装要求整洁、大方，同时要注意修饰自己的仪表。女士可以适当化妆，但不宜化妆过浓，也不要过于妖艳或是打扮得奇奇怪怪，毕竟这不是化装舞会。男士一般可以穿西装，打领带，头发要整齐，胡子刮干净，给人一种积极向上的感觉，也可以往身上喷一些香水。另外，参加交际舞会的时候，不要吃葱、蒜等带有刺激性气味的食物，也不能喝酒，恐怕没有人愿意与满嘴酒味、晕头转向的人跳舞。

　　2.出席时间自由

　　出席舞会时，时间上比较自由，不必提前或准时出席，可以稍微晚一会儿，也可以中途退场。

3.保持卫生

参加舞会时要注意保持公共卫生，遵守秩序。吸烟要去室外，最好不要弄得屋子里烟雾缭绕；不要乱扔果皮、纸屑及其他垃圾；不可高声喧哗或口出污言秽语。

4.礼貌邀请舞伴

进入舞场之后，要先坐下来，适应一下气氛，观察一下周围的情况。如果没有带舞伴，更应当坐下来慢慢地寻找合适的舞伴，最好是邀请没有舞伴的人。邀请舞伴的时候一般都是男士邀请女士，邀请舞伴时应当彬彬有礼，动作优雅有风度。可以走到女士前面，面带微笑，伸出右手，手心向上，并礼貌地说："可以和你跳支舞吗？"等对方同意后可共同步入舞池；如果对方婉言谢绝，则不必勉强。

如果有男士来邀请自己跳舞，女士一般不应拒绝。如果已经有人事先邀请了，则可以向后来者婉言解释："对不起，已经有人邀请我跳舞了，等下一支曲子再和您跳吧！"注意态度要诚恳，不要矫揉造作。但是，如果刚刚和一位男士跳完，马上又接受了另一位男士的邀请，则是对前者的不尊重，所以这种情况应当尽量避免。

5.跳舞时自然大方

跳舞的时候动作应当舒展自然，不要紧张。脸部要朝着正前方，脚步跟着节奏走，不要总是看脚下，要用眼睛的余光留心周围的情况，避免发生碰撞。跳舞的时候男士不可将女士的手握得太紧，更不能将女方的身体搂得过紧或是紧盯着对方的脸，这会让女方感到非常不自在。而女士跳舞的时候要活泼开朗一些，但是不能有失稳重。跳舞时，相握的手应当自然放松，不要随着音乐节拍大幅摆动。如果不慎踩到了对方的脚，要说一声："对不起，踩到你了。"如果碰到了别人，要说声"对不起"或是点头致以歉意。

　　一支舞蹈跳完之后，男士要向舞伴致意，可以说："你的舞跳得真好，和你跳舞很轻松，谢谢。"并要将舞伴送回原来的位置。

参加沙龙聚会时的礼仪

交际型沙龙的目的是让每个参加者进行交流，保持接触。它的具体活动形式是多种多样的，如日常的座谈会、校友会、同乡会、聚餐会、庆祝会、联欢会、生日派对、节日晚会、家庭舞会等，大多在交际型沙龙的范围之内。凡是以社交为目的而举办的专门的室内聚会，在我国一般都被称为沙龙。掌握交际型沙龙的礼仪规范是非常重要的，下面我们就介绍一下交际型沙龙的礼仪规范。

1.组织礼仪

通常来说，举办交际型沙龙的时候，应当事先议定好沙龙举办的时间、地点、形式、主人及参加者。交际型沙龙可以由个人发起，也可以全体参与者群策群力，共同商讨，共同决定。

交际型沙龙的时间一般都在2~4个小时。然而也不必非得遵守这一惯例，具体实行的时候，如果大家交流频繁，意犹未尽，适当地延长一下沙龙的时间也是无可厚非的，沙龙的最终目的还是让人们得到彻底的交流。为了不影响日常的工作，交际型沙龙的举办时间一般定在周末的下午或晚上。

交际型沙龙的地点应当选择在一个比较安静的环境，如条件较好的私人客厅、庭院或是宾馆、饭店、写字楼等专用的房间。至少应当通风好、温度适宜、照明正常、面积大、环境优雅、没有噪声、不会受到外界的干扰，这样，参加沙龙的人们才能够有比较好的心情去交谈。

交际型沙龙的形式应当根据具体的目的进行选择。假如大家打算好好地谈一谈或者是想正正经经地沟通交流，则不妨选择咖啡会、座谈会、讨论会等形式。但是如果只是想彼此简单地聚一聚，或者是想随意地聊聊天，那么可以选择比较轻松的形式，如同乡会、联欢会、聚餐会、节日晚会或家庭舞会。当然，在具体的形式的选择上，可以彼此交叉或是同时采用。有的时候，如果不确定交际型沙龙的具体程序，可以听凭参与者们自由发挥，尽兴为好。

一般来说，沙龙的主人应当有男有女，这样方便分别去照顾参加沙龙的男女宾客。如果在私家宅院举行交际型沙龙，那么沙龙的主人自然就是宅院的主人。如果沙龙是在外边的场地举行的，主人一般应当是沙龙的发起者或是组织者。如果组织者单身未婚或者是配偶不在此地，那么应当由其父母、子女、同事临时充任男主人或女主人。

在举办交际型沙龙之前，应当事先确定好交际型沙龙的参加者。在较为正式的交际型沙龙上，参加者一般都应当是彼此相识的人，只有这样，大家才不会心存芥蒂，不会过于客套，也能够更好地展开交流，而氛围也更为轻松自在。当然，交际型沙龙也允许新人加入，但是新人在加入前，应当先征得主人的同意，并且要以不会同有前嫌的人在沙龙上"狭路相逢"为前提。

交际型沙龙的既定参加者，原则上可以携带家人或是秘书出席。

2.参加礼仪

参加沙龙之前，首先应当明确聚会的时间、地点，并确保每一个参加者都知道。

赴会的人应当遵守时间，准时到场，不要太早，也不要迟到、早退，更不宜失约。穿着上应当大方得体，穿衣服不一定要多么正式，但是要注意干净利落，不能皱皱巴巴，歪歪扭扭，那样只会给人留下邋遢的印象。男士通常应当理发、剃须，注意外衣、衬衣及领带颜色的协调。女士可以做一下发型，化淡妆，服装可以选择时装、连衣裙等，穿着以整洁、悦目为原则。如果是夫妇或情侣共同赴约，穿着打扮上应当保持一致，如可以穿"情侣装"，戴"对表"，穿相同款式的鞋子，服饰的色彩也应当讲究彼此呼应。作为交际型沙龙的主人，穿戴上要尽量符合自己的身份。然而，主人讲究着装并不是要多么豪华，那样容易让人感到难以亲近，最好能够符合整个沙龙的氛围。

交际型沙龙是展示个人修养及结交新朋友的场所，因此，交谈的时候，态度要真诚。要言之有物，不要空洞无物，信口开河。不要为了哗众取宠而故作惊人之语，不要自以为是，滔滔不绝。别人讲话的时候，应当双目注视对方，仔细聆听，不要心不在焉，更不要随意打断别人，如果想要插话，应当礼貌地说一声"对不起"。另外，谈话的时候不必过于正式，可以进行适度的调侃，活跃沙龙的氛围，但是不要说一些庸俗的俏皮话或是含沙射影，指桑骂槐，也不要对某一个地位高过自己的人大加吹捧。

参加沙龙的时候，应当举止文雅，彬彬有礼。有的人常常认为不拘小节、不修边幅是性情豪爽的体现，这种想法是大错特错的，殊不知不拘小节容易失大礼。例如，随地吐痰、抠鼻子、掏耳朵等行为都是有伤大雅的，所以在沙龙上应当避免这些行为。

参加交际型沙龙时，应当设身处地地多为主人着想，至少不要给主人添麻烦。另外，要尊重、照顾、体谅女性及长者，这些都能够体现一个人的综合素质。

使用交通工具要遵守的规范礼仪

在当今社会，乘坐地铁、出租车、公交车、火车等公共交通工具是必不可少的，所以出行的时候一定要注意乘坐公共交通工具的礼仪，注意自己的言行举止。

1.地铁

如今，随着城市发展进程加快，地铁成了越来越重要的交通工具。特别是在我国，高峰时段地铁运输量特别大，乘客众多，乘客往往摩肩接踵，如果遇到节假日，更是人潮汹涌，所以乘坐地铁时要特别注意安全。一般来说，乘坐地铁要注意以下礼仪：

（1）进入地铁站后，上下楼梯靠右走，不要走在逆行道上，以免与他人发生碰撞，或耽误他人的时间，扰乱行进秩序。

（2）搭乘电动扶梯时，要面向行进方向靠右站立，不要站在中间或左边，以免挡到后面赶路的人。同时，手要握紧扶手，双脚在黄色框线内站稳。

（3）如果看到乘客在电动扶梯上跌倒，不要慌乱，可以协助按下紧急按钮。

（4）按照站台指示线自觉排队，地铁开门时，要站在门的两边，遵循"先下后上"的原则，等乘客下来之后再陆续上车，不要拥挤。

（5）进入车厢之后，不要大吵大闹，注意维护公共秩序，保持安静。

（6）遇有老弱妇孺等，应当主动让座。

（7）地铁内不可以吃东西或是喝饮料，要保持车厢的整洁。

（8）到站之后，下车时不要争先恐后，不要不顾一切地低头往外冲，要有秩序。

2.出租车

在日常生活中，如果路途不太遥远，那么出租车往往是我们的首选，因为出租车灵便快捷，它不像公交车那样必须到站就停，而是可以直奔目的地。乘坐出租车时要注意遵守以下礼仪：

（1）最好在安全适当的地点拦截出租车，不要在马路上随便招手，以免妨碍交通秩序。

（2）乘车时最好少与司机交谈，以免分散司机的注意力。

（3）下车的时候，要提前通知司机。如果不知道明确的路径，只要告诉司机目的地即可，不要在车上胡乱指挥。

3.公交车

搭乘公共交通工具时，要自觉遵守交通秩序，遇到老弱妇孺，要帮助他们上车。上车后主动购票或投币，买好票之后应当尽量往里走，不要堵在车门口，以免影响他人上下车。在车上不要喧哗，接打电话要小声，最好不影响他人。遇到老幼病残孕等乘客主动让座，下车的时候不争不抢，按照先后顺序下车。

4.观光巴士

搭乘观光巴士的时候，不要在车上喧哗，不要干扰司机驾车，以免危及乘客的安全。观光巴士上尽量不要吃零食或喝饮料，保持车内清洁。乘车时，应注意谈话内容，最好不要谈论公事或是涉及他人隐私的话题。

5.火车

火车的好处是便利、准时、安全，所以很多人在长途旅行的时候往往都会选择火车。乘坐火车的时候，应当遵守以下礼仪：

（1）不要携带太多的行李。火车车厢空间有限，最好不要携带超大件行李，而小的行李则要整理好，不要堆放在车厢中间的过道上，影响他人走动，而是应当放在自己座位上面的行李架上。如果是乘坐卧铺，更要注意避免因为行李问题而引起纠纷。

（2）对号入座。有的时候商务人士可能因为路途遥远，在车上的时间较长，需要在车厢中过夜，特别是在卧铺车厢中，由于老弱妇孺上下铺行动不方便，可以让他们睡在下铺。另外，要对号入座，即要坐在车票显示的座位上，不要随便更换座位或强占他人的位置。

（3）车厢内保持安静。由于车厢是密闭空间，而且乘客很多，与人交谈的时候应当注意自己的音量。如果乘坐的时间长，旅客们互相聊天解闷是很自然的事情，但是如果邻座的乘客正在休息或阅读，就不要打扰他们。即便在谈话的时候，也应当对自己的音量有所控制，不要影响他人休息。

（4）用餐礼仪。在火车上就餐的时候，如果准备好了食物，最好在自己的座位上用餐，要将食物摆放整齐，吃完之后收拾干净，不可随手乱丢。如果去餐车用餐，要预先订好餐位，等随车服务人员通知后再去餐车。由于在餐车用餐的人较多，用餐时间不宜太久，以免影响他人。

（5）手机的使用。由于火车车厢是公共场所，所以最好将手机调至震动模式，不要影响其他乘客。接打电话时，要轻声细语，不要高声大喊，更不要大吼大叫，甚至使整个车厢的人都能听见。目前许多国家禁止乘客在车厢内使用手机，为此设立了专门车厢，供接打电话时使用。虽然我国并没有

禁止在普通车厢内使用手机，但还是应当自觉地遵守使用手机时的礼仪。

（6）卫生间的使用。首先，进卫生间之前，要先敲门，确定无人使用后方可进入；如果等候的人很多，要按照顺序进入，不能争抢。其次，不管在火车上，还是在其他公共场所，使用卫生间的时候一定要记得关上门。最后，要多为他人着想，不宜久占，使用后要注意冲洗，保持卫生间的清洁。

乘坐飞机时的注意事项

由于商务人士业务繁忙，经常要东奔西跑，大家可能会乘坐飞机商务旅行。在乘坐飞机时，要想保持良好的形象，避免出现尴尬的情况，我们应当遵循以下乘坐飞机时的礼仪：

1.乘机之前的礼仪

（1）按照旅行目的着装。乘坐飞机进行商务旅行之前，首先要考虑自己的着装，最好能够选择职业装，因为在机场迎接的人可能会是你的客户或能够促使你成功的重要人员，所以在商务旅行时要注意保持自己的职业形象，不要穿得过于随便，而是应当时刻给人一种职业精英的感觉。

（2）提前到达机场。机场人员通常会要求旅客提前半小时登机，飞机场一般都设置在距离市区比较远的郊区，所以最好提前到达机场，避免因为堵车等原因赶不上航班。另外，登机前还要办理各种手续，如领取登机牌，进行安全检查，所以一定要提前到达机场，做好乘机前的准备工作。

（3）不要携带危险物品。乘机时，不要携带易燃易爆等危险物品。诸如水果刀、女士用的修眉刀与剪子都要放在托运的行李中，不要随身携带，否则这些物品可能无法通过安全检查。如果随身携带了液体物品，要注意容量的限制并且在进行安全检查的时候应当将液体物品拿在手中或是放在容易拿出的地方，以缩短安全检查的时间。

（4）飞机起飞前，要将椅背扶正，收好脚踏板及桌面，系好安全带。飞机起飞时禁止使用手机及其他电子通信设备。

2.乘机时的礼仪

（1）放置好行李。通常，乘务人员会在起飞前检查乘客的行李是否已经放好。为了避免延误起飞时间，应当主动将随身携带的行李放入座位上方的行李架中。

（2）对邻座的乘客要礼貌。入座以后，可以向旁边的乘客微笑致意，如果乘客不想和你聊天，就不要去打扰他们，因为对于很多人来说，乘飞机时是他们非常宝贵的休息和放松的时间。同样，如果有乘客主动与你聊天，而你又没有精力的时候，可以说："抱歉，我想睡一会儿。"

（3）遵从安排。飞机起飞前会播放安全注意事项。这时候要保持安静，仔细聆听每项通知，并按照指示去做。即使经常坐飞机，对安全注意事项谙熟于心，也不要打扰旁边的乘客，或许他是第一次乘坐飞机，对这些安全注意事项并不熟悉，如果这时你们聊天，可能会错过一些极为重要的内容。

（4）尊重乘务人员。乘务人员承担着保护乘客的重要职责，在飞机上，不要无故刁难他们，更不可将其当成你的个人保姆。如果乘务人员有服务不周、让你不满意的地方，可以向航空公司有关部门投诉，不要在飞机上大吵大闹，以免影响旅行安全。

（5）礼貌用餐。用餐时，要将椅背竖直，并且将前座背后的小桌子放下来，方便服务人员放盘子。用餐的时候，不要在座位间进进出出，如果要放倒椅背，应当事先通知后座的人，以免给他人造成不便。在用餐期间，无论个人是否用餐，都要尽量将椅背竖直，方便后座乘客能够顺利用餐。在头等舱点餐的时候，不要点太多的食品，也不可要求乘务员提供特别的食品。

另外，虽然头等舱酒水免费，也要适量。如果个人在饮食上有特殊要求，应当在预订座位的时候提前向航空公司提出申请。

（6）如果遇到了事情，需要空乘人员帮助，不要大呼小叫，而应按服务铃。空乘人员除了协助用餐及贩售免税商品外，还受过各种训练，掌握多种急救方法，如果身体不适，可以请其协助。当遇到气流干扰，导致飞机飞行不稳的时候，不要惊慌，应保持冷静，听从空乘人员的指示。

（7）使用卫生间的时候，要留意门上的标示，如果是"OCCUPIED"字样，表示有人在使用；如果是"VACANT"字样，表示无人，这时可以入内，进去之后要记得将门锁上，用完之后要按下"FLUSH"键冲水。如果卫生间前有多人等候，应当按照次序使用。洗好手后，要将洗手槽四周擦干，以便下位使用者使用。

（8）不要影响他人。当夜间长途飞行时，注意关闭阅读灯，不要影响他人休息。另外，不要将椅背放得过低，因为飞机上两排座椅之间的距离通常较为狭窄，如果将椅背放得太低的话，后排乘客的腿就难以伸开。如果想要将椅背放下，应当先和后排的人打招呼，看他们是否方便，不要突然操作，以免碰到后排的乘客。

（9）下机保持秩序。飞机停稳之前，不要急忙起身，这是很不安全的。要等信号灯熄灭之后再解开安全带，下飞机的时候要保持秩序，不要拥挤。

选择商务酒店时的注意事项

酒店是在外旅行时休息的场所，在旅行的途中，选择一个好的酒店无疑会使商务旅行更为惬意，也能使自己得到更好的休息。所以，酒店在旅行中占有很重要的位置，我们应当懂得如何选择商务酒店。

1.预订酒店

我们在将要出行的时候，最好事先安排好落脚之处，以免到了目的地因为找不到合适的酒店而犯愁。所以酒店的预订显得格外重要，一般来说，有以下两种方式：

（1）电话预订。通常有以下几个步骤：拨打酒店24小时预订热线，告诉工作人员你要预订的房间种类、入住时间、入住人数、付款方式及联系方式等信息；酒店接到预订电话后，会在一定时间内让你确认回复；收到订房确认后，需要付款，你可以选择前台现付或银行转账等方式；预订完成，到达旅行地后可以直接入住所预订的酒店。

（2）网上预订。包含以下几个步骤：填写个人信息及预订表；收到预订信息之后，酒店方一般会在8小时内给你准确的回复；收到订房确认之后，可以选择前台现付方式，也可以通过银行转账等在线付款方式缴纳客房费，同时注意保留汇款凭据；预订完成，到达旅行地之后，向前台出示证件即可入住。

2.选择酒店

选择酒店的时候，以下几个因素是需要重点考虑的：

（1）品牌。通常而言，品牌代表着酒店的质量，同时也是服务的保证。越是成熟的酒店，特别是国际化的酒店集团，越是注重品牌的塑造，他们提供的硬件方面的设施及软件方面的服务水平都能够让人放心。一般来说，商务酒店大多是四、五星级，我们根据自己的需要选择相应档次的酒店。

（2）价格。商务人士选择酒店的时候必须要考虑价格，在价格方面要做到知己知彼。所谓知己，就是要考虑自己每年旅行的次数、频率，出行的时候是什么季节，一般需要住多长时间，旅行的预算是多少；所谓知彼，就是要了解酒店在营业旺季、淡季推出的不同的价格政策。

（3）位置。在选择酒店的时候，一定不要忘了查询酒店的位置，要挑选地理位置优越的酒店。通常来说，优越的地理位置包括以下要素：交通便利；邻近商务密集区，便于参加各种商务活动和会议；周围有知名的特色餐厅，方便宴请宾客；离主要的旅游观光景点、休闲活动场所比较近，便于在商务之余观光休闲。

（4）一般性服务。选择酒店的时候，除了解一般的入住条件外，还应当了解酒店的设施是否齐备，是否有额外的一般性服务，如是否配有电子会议室，是否有宽带上网服务，在酒店内部是否能够随时无线上网等。

（5）个性服务。有些酒店专门为入住行政楼层的客人提供了个性化服务，如为商务人士免费提供几个小时的商务会议室使用时间；设立行政酒廊，客人和当地的合作伙伴可在此会晤；设置相对独立的小型商务中心，专门服务于商务客人。

给"小费"也要遵守规矩

"小费"据说源于18世纪的伦敦，当时一些酒店的餐桌上摆着写有"保证服务快速"的碗，一旦顾客将零钱投入碗中，就能得到服务员迅速而周到的服务，久而久之，就形成了"付小费"的风气。在国外，很多国家都有向服务人员付小费的习惯，这既是感谢对方提供的服务，也是对对方的尊重。身为商务人员，去海外进行商务旅行是免不了的，所以应当了解一些小费里暗藏的规矩，避免因为忘记或不会付小费而给自己的海外出行带来麻烦。首先，我们了解一下各国付小费的习惯：

1.日本

进入饭店大门的时候，顾客可以向女接待员付一些小费，而对于其他服务人员则可以不付。

2.新加坡

在新加坡，付小费是不被允许的，如果给服务人员小费的话，会被认为对服务质量不满。

3.泰国

接受服务之后一定要付小费，不论多少。

4.瑞士

餐馆内不公开收取小费，但是司机则可以按明文规定收取10%的小费。

5.意大利

给小费往往是遮遮掩掩的，当你遇到"拒收"的"示意"时，最好能够趁送账单的时候将小费递上。

6.法国

付小费是公开的，一般来说，服务行业小费的最低标准是收取价款的10%。

7.美国

小费现象非常普遍，也是一种礼节性行为，通常顾客都会主动给服务人员一些小费。

8.墨西哥

在墨西哥，付小费是表示感谢对方的服务，而收小费则是感激对方的慷慨。

9.北非及中东地区

收取小费是天经地义的。因为从事服务性工作的人中有许多是老人和孩子，而这些小费是他们的收入，所以一旦顾客忘了付小费，他们就会追上去索要。

上面是一些国家收取小费的习惯，那么，哪些行业是需要收取小费的呢？

（1）酒店：门童、行李员、送餐员、客房服务员。

（2）餐厅：领位员、侍者、乐手、卫生间保洁员。

（3）美容美发：美容师、发型师、泊车者。

（4）出租车司机。

（5）影剧院：衣帽厅侍者、节目单发放者、剧场领位员。

（6）旅游观光：导游、驾驶员。

另外，在不同的国家还有各种不同的付小费的方式，主要有以下几种：

（1）除宾馆、餐厅外，把小费打入账单的方式比较少见。

（2）不取找零。

（3）多付现金当作小费。

（4）有的地方习惯私下将小费给服务人员。

（5）有的地方习惯将小费放在床头、茶盘或酒杯下。

（6）有的国家禁止小费，消费者可以给服务人员送小礼物。

在不同的地方，小费的多少也是有讲究的，不可以随便给。给得少了，对方会认为你对服务不满意，或是过于吝啬；而给得多了，别人则会认为你爱炫耀。目前主要有两种支付方式。一种是按照一定比例付小费，例如，在酒店，小费占消费总额10%~15%；在餐厅，小费占消费总额5%~20%；出租车，小费一般占消费总额15%；在酒吧，小费占消费总额15%；美容美发，按本人消费总额的10%~20%付小费。另外一种是按照各地约定俗成的小费额度来支付，例如，在宾馆，给门童大约1美元；给客房服务人员的小费为1~2美元；在机场、港口、火车站，按照行李件数给行李员小费，一般一件行李0.5~1美元；观看影剧时，给领位员与节目单发放者的小费为0.5~1美元；在卫生间给保洁员为0.5美元左右。

在付小费的时候，也有一定的礼仪，不能居高临下以一种施舍的姿态或是像"大爷"似的给对方。付小费的时候有五点需要注意：尊重对方；悄悄地给；掌握给小费的时机；按质付费；区别不同地方的付费方式。

第 09 章

不忘律己修身：自我提升路上要遵守的规矩

不去污秽场所，保持心灵纯善

随着社会的多元化发展，各种各样的文化在我们身边慢慢形成。当然，在我们的周围有一些好环境，同样也存在着一些不良环境。所谓"近朱者赤，近墨者黑"，就是说一个人如果深受不良环境的影响，时间一长很容易被同化。因此，远离不良环境，保持善良心性，是一个人修身养性的根本。

凡是容易发生争吵打斗的不良场所，如赌博、色情等是非之地，要注意远离。一旦接近，很容易被卷入旋涡，从而受到不良影响。同样，对于一些邪恶下流、荒诞不经的事情，更应该学会拒绝，要做到不看、不听，更不能因为好奇去打听，以免玷污了纯洁的心灵。远离不良环境，是保持纯真心灵的最好办法。否则，你也可能会像下面这位一样，被腐蚀还不自知呢！

现代小说家穆时英出道初期，经常写一些反映底层民众生活的小说，引起了文坛的关注。如他的处女作《咱们的世界》，以及后来的《黑旋风》《南北极》都属于这一系列。而正是《南北极》的发表，让他得以成名。

成名后的穆时英把写作目光放在光怪陆离的都市生活上，其描写对象也都是在充满诱惑的都市背景下，迷恋于声色之间的都市客。为了找到写作灵感，他混迹于上海的夜总会、酒吧、跑马厅等各种娱乐场所。长时间的接触，为他的写作提供了大量的素材与创作灵感，同样也为他提供了更为丰富的人生阅历。随着小说《白金的女体塑像》等代表性作品出版，他享有了更大的声誉。然而，他整个人也有了很多的变化。

春风得意的他，浑身上下弥漫着浮华的气息。在20世纪30年代，能够住进公寓的人绝不简单，而他就是那里的长期租客。丰厚的稿酬让他有能力去支付每月45元的租金，更有能力去过奢华的生活。

出名时，他还不到30岁，但他却早早就开始沉迷于那些灯红酒绿，放弃了奋斗和追求理想。慢慢地，他已经无法离开那种奢华的生活，更迷恋上了回力球赌博，日复一日，以至于无法自拔。到后来，他根本无法写出什么像样的作品了。

穆时英，这位20世纪的文艺青年，原本有着更加美好的前途。然而，他却选择与萎靡奢华的生活打交道。在不断接触中，他虽然找到了写作的灵感，却迷失了自己，让自己陷入低俗的生活中无法自拔，最终毁了自己的写作之路。

社会在发展，我们的生活环境也在改变，随着社会信息化的发展，一些信息产品也在慢慢改变着人们的娱乐习惯。放眼望去，有许多人整天不思进取，沉迷于网络游戏，当然，也有一些人因此而走上犯罪的道路。还有一些人被不健康的文化腐蚀，触犯法律。因而，拒绝诱惑，远离不良环境是每个人都应该自觉遵守的行为规范。那么，我们该如何修身养性呢？

1. "斗闹场，绝勿近"

远离打架斗殴、赌博色情等地。在我们的周围，一些人受利益的驱使，会盲目地运用武力去解决问题。其实，这是最不明智的，也是损人害己的。遇到这种情况，我们要学会拒绝，能避多远就避多远。同样，对那些蛊惑人

心的，下流、低俗的文化，也要坚决抵制，这样才不会迷失心智，深陷其中而无法自拔。

2. "邪僻事，绝勿问"

培养人格魅力，拒绝接受那些不良的现象。生活中，有些人本性并不坏，有时因为好奇某些不良现象，想要探究，但由于个人的自制力不强，到头来却让自己陷入其中。因而，我们不要做那些挑战个人自制力的事情，对那些不好的东西，不听、不看、不好奇，才是明智的做法。

良好的环境可以帮助一个人健康地成长，一旦环境发生改变，人的内心很容易被外物同化。远离这些不良环境，是保持心灵纯洁的最好办法。因而，从现在起做一个身心健康的人，主动抵制不良环境最关键。

注重身体健康和饮食健康

所谓"民以食为天"，从古到今，吃的问题一直都是人们最关注的。一日三餐看似简单，然而，吃什么、怎么吃也是有讲究的。古人从一个人的吃相上，就可以看出他的文化与修养来。因而，千万别小瞧了一顿饭，稍不注意很可能把你的前途吃掉呢！

郑浣是唐代的文学家，此人一生主张勤俭节约，对食物更是从不挑挑拣拣。一次，他的远房亲戚到他家来做客。亲戚因为出身较低微，没有见过什么世面，不懂得什么礼节问题。看到亲戚身上的破旧衣服，全府上下的人都在嘲笑他，除了郑浣。因为，他觉得这也正体现出此人的质朴。细问来意，才知道亲戚是想借郑浣之力，谋得一个好差事，也好将来光宗耀祖。念及此人上进心强，郑浣也就没再推脱，立马修书一封给当地县令，看能否给他谋一个好差事。很快，事情办成了，郑浣打算请他吃饭以此送行。

饭桌上，摆上来了一道蒸饼。原本是一席美味的饭菜，可是再看看客人的吃相，郑浣感到大失所望。原来，客人顺手便把蒸饼皮撕下，掏出里面的瓤吃起来。吃得津津有味的客人听到郑浣的叹息之后，吓得双手哆嗦着把手中仅存的面皮递了回来。最后，当着客人的面，郑浣把剩下的面皮全吃了。通过吃饭郑浣认识到，他的亲戚虽然出身贫寒，却没有质朴的本性，根本担

当不起重任，就改变主意，把他送回老家了。

由此可见，古人比较注重饮食，不仅注重饮食的内容，还很重视饮食的礼仪。故事中，郑浣就是依据客人对食物的态度评定他的品德与修养。当然，现在的我们同样也需要注重饮食细节，养成良好的饮食习惯。那么，古人对饮食提出了哪些要求呢？

1.饮食要全面，营养均衡

《饮食十经》里明确提出："凡所好之物，不可偏耽，耽则伤身生疾；所恶之物，不可全弃，弃则脏气不均。"这就是告诉大家，吃东西的时候，不能挑挑拣拣，否则会造成营养失调，最终会引起身体的不适。因而，想要养成正确的饮食习惯，就要懂得荤素搭配。

2.饮食要适量，过犹不及

《弟子规》中讲："食适可，勿过则。"吃饭的时候，要做到定时定量，八分饱就可以了，如果饮食过量的话，不仅不利于健康，还会加重身体的负担，久而久之会损害身体健康。此外，《饮食十经》里面也有讲述："饮食有节，则身利而寿登益，饮食不节，则形累而寿命损。"由此可见，正确的饮食习惯还应包括有节制的饮食。

3.注意饮食的礼仪

古人云："站有站相，坐有坐相，吃有吃相。"当今社会更是如此，因此，形成良好的用餐习惯很重要。那么，用餐时都有哪些礼仪要求呢？

（1）在古人看来，"食不语"是最重要的一点。吃饭的时候，尽量不要说话，更不能谈笑，同样也不能发出太大的声音。如果必须如此的话，也要等食物咽下去再说。

（2）吃饭的时候，不能在菜盘里或碗里挑来拣去。生活中，有一些人从小就喜欢吃饭的时候挑来拣去，其实，这是一种不好的习惯。一旦发现这些问题，就要及时纠正。

想要养成良好的饮食习惯，不仅要注意营养搭配，还要注意定时定量用餐，这是拥有健康身体的前提。当然，也不能忽略一些基本的用餐礼仪。如果你也想要拥有一个良好的饮食习惯的话，现在开始就从以上几方面努力吧！

不要因为喝醉而丑态百出

中国是酒的故乡，更是酒文化的极盛地。在许多场合，饮酒的意义远不止一种饮品消费，也是一种文化的消费，更是一种礼仪。如果你认为饮酒是一件简单的事情，可就大错特错了。饮酒也是有礼仪讲究的，如果表现不当的话，很可能会带来是非。

从古到今，无论哪个朝代都有"年方少，勿饮酒"的规定。酒中含有的酒精经过胃后，将直接进入血管，经过一系列循环后，最终会到达大脑和神经中枢，并产生很大影响。对未成年人来说，他们的智力还尚处于发育阶段，身体对酒精的抵抗能力是有限的。如果经常喝酒的话，对于大脑的发育是有害的。因而，对青少年来说，从健康方面考虑是不能饮酒的。

然而，现在的年轻人在参加一些聚会时，总以为喝一些啤酒不碍事。其实，即使少量的啤酒也会影响大脑的正常思维。俗话说"酒壮怂人胆"，很多时候在酒精的刺激下，我们容易做出一些失去理智的事情。因而，对青少年来说，"勿饮酒"才是确保健康的前提。

有些人会认为，反正我已经是成年人了，也就不用担心这些事情了。那么，成年人是不是就可以随意饮酒呢？成年人喝酒的时候应该注意哪些方面呢？成年人可以饮酒，但要有度，不能喝醉，否则就会丑态百出，更有甚者因为喝酒误了大事。

　　《三国演义》第十四回讲道，刘备原本奉诏书准备讨伐袁术，便派张飞前往镇守徐州地盘。张飞自送刘备离开后，所有的事情都交由陈元龙管理。有一天，张飞设宴请各官赴席，名曰，明日起戒酒，命众人今天痛快喝好。张飞连饮几十杯，不觉大醉，便强逼曹豹喝酒。无奈之下，曹豹便想借吕布的面子为自己开脱，谁知这一举动反把张飞给激怒了。曹豹不但没有达到目的，反倒白白因此挨了五十大板。

　　曹豹对此怀恨在心，回去以后便连夜差人修书一封，让人给吕布送信，说明张飞对自己的无礼之举。信中还说，刘备已经离开，夜里可以趁张飞大醉之机，派兵前来攻打徐州。见到信后，吕布便召集人前来讨论军事。经商定，吕布率领五百骑先行出发，攻打徐州。在曹豹的接应下，打开城门，使吕布大军齐入城内。虽然张飞此时深感愤怒，怎奈正在醉中，不敌敌军，无奈之下连刘备的家眷都顾不上，在侍卫的掩护下杀出东门。

　　尽管张飞顺利地逃了出来，最后也把曹豹除掉了。可是，徐州城还是在他手上失守了，而刘备的家人也被吕布困在了城中。

　　事情之所以会如此，全在于张飞醉酒，强行灌曹豹酒。听到曹豹借吕布为自己求情时，他竟然打了曹豹五十大板。正是因为他的醉酒，最终激怒了曹豹，才引来曹豹与吕布里应外合，最终痛失徐州。由此可见，饮酒过量的话，洋相百出还是小事，重者还可能误国误军，引来诸多是非。因而，适当饮酒最重要，既可以保持身体健康，又可以保护自己的人身安全。

　　无论作为一种饮品，还是一种独特的文化，酒都有着它独特的魅力。

几千年来,它早已融入我们的生活中,成为不可或缺的一部分。然而,我们在享受它带来的好处的同时,还应该注意到它的危害。对于年轻的朋友们来说,更应该适当饮酒,珍惜生命。

见贤思齐，相信榜样的力量

在儒家文化中，不仅对学生提出了严格要求，而且着重强调了榜样的力量。在古人看来，只要有好榜样的带领，就会有实现梦想的那一天。《弟子规》中提到："见人善，即思齐；纵去远，以渐跻。"这句话的意思是：看到别人好的品质，要向他看齐，哪怕两者相差很远，只要能够坚持下去，总会慢慢赶上的。由此可见榜样对于一个人成才的重要性。想成为有作为的人，就要见贤思齐，选择别人好的方面学习。

其实，不仅在古代，就是当今社会，榜样对一个人的作用也是不可低估的。列宁曾说过："榜样的力量是无穷的。"诚然，在我们的身边，那些榜样人物像支柱一样，为我们展现出深厚的内在品质和孜孜不倦地奋发追求的精神，也给了我们拼搏的动力。只要追随着榜样的脚步，就一定能达到人生的目标。

郭泰是东汉末年有名的文人，因学问高深，为人又很谦和，所以许多人想要跟随他学习。在这众多的人中，有一个人不仅跟随郭泰学习，而且把自己的行李也一起带了过来，要跟郭泰住在一起。郭泰感到奇怪，问道："别人来求学，都是晚上就回家去了，你为什么不回家啊？"魏照答道："能找到一位传授知识的老师很容易，可是，想要找到一位教做人的老师就很难。

我知道您不仅学问深，而且品德更好。所以，我要天天和您在一起，学习您为人处世的方法，这样，我才能成为像您一样的伟人。"

听了他的话，郭泰很感动，从那以后，总是尽心竭力地教他学习与做人。经过自己的努力，魏照终于成为一个知识渊博、志向远大的人。

这就是"魏照求师"的故事，在这个故事中，郭泰学问深，且为人也很好，因而对大家来说，他可以称得上是榜样人物，所以魏照决定日夜跟随他学习。在不懈的努力下，魏照成为和郭泰一样的人物。由此可见，对于生活中那些良好的榜样，只要我们能够下定决心向他学习，那么，经过努力一定可以达成最终的目标。具体该怎样去做呢？

1.见贤：想要成为有作为的人，必须选择正确的榜样激励自己前进

生活中，榜样可以为人指引前行的路，而想要成功，这条路必须选择正确。如果方向不对的话，你越是努力，离目标就会越远。因而，选择正确的榜样人物，是一个人成功的前提。当然，同样是榜样，层次不同，所带来的结果也是不同的。对于每个人来说，应根据自己的个人喜好与能力，选择适合自己的榜样人物。如果要求过低，可能很容易达成目标，然而个人的能力却并没有多大长进。相反，如果要求过高，很可能会因为难以达成目标而打击自信。因而，选择正确的榜样来要求自己，是成功的重要因素。

2.思齐：有了榜样后，还要学会给自己定下目标

一个人一旦找到自己的榜样，也就是为自己找到一个前进的目标。当然，想要成功，仅仅为自己定下目标是远远不够的，还要时刻想着向他人看齐，最终达到或超过他的高度，这样才能给自己增添动力。榜样犹如一盏灯，虽然能帮助我们照亮前行的路，然而倘若一个人不想走到路的尽头去，

那么，即使灯光再亮也是枉然。所以，只有内心想要与榜样看齐，才能推动着人不断前进，从而达到最终的目的。因而，"思齐"是获得成功的内在动力。

3.渐跻：选择榜样值得学习的地方，通过努力，慢慢实现目标

要知道，作为普通人，我们与榜样之间肯定会存在很大的差距。如果你的目标更远大的话，可能这个差距会更大。因而，在学习榜样优点的时候，暂时受阻也是难免的。只要肯努力，只要能够坚持下去，慢慢地，这个差距自然会越来越小，直至赶上或超过榜样。因而，努力奋斗与坚持不懈是取得成功的关键因素。

一个人想要成功，就要懂得用高标准去要求自己，朝着心中的目标一步步前进。如果你也想要成功，从现在起就应该学会见贤思齐，选择榜样的优点学习，只要坚持努力，就一定能实现理想。

想进步就要常自省

在我们的周围，有许多好的榜样，能帮助我们更快走向成功。然而，"人非圣贤，孰能无过？"一个人有优点，自然也会有缺点。诚然，别人身上的优点值得大家去学习，那么，是不是别人身上的缺点对我们而言就毫无用处呢？当然不是。

我们看到别人做得不好的地方，要马上进行自我反省，看自己有没有这样的问题，如果有的话，要马上改掉；没有的话，要更加警惕，以防自己犯同样的错误。由此可见，他人的缺点对我们来说也是大有用处的。孔子曾说过："见贤思齐焉，见不贤而内自省也。"一个有作为的人，不仅懂得学习别人的优点，更懂得寻找别人的缺点，从而避免犯同样的错误。唐太宗就是这样善于自省的人，也正因此，他才能带领唐朝走入繁荣时期。

历史上，隋炀帝的荒淫无度是出了名的，他在位时，不仅好美色，还喜欢玩乐。为了自己的享乐，他逼迫两百万名壮丁在洛阳建筑宫室。同时还从全国各地搜罗奇珍异石、花草树木、飞禽走兽等，统统放进他修建的宫室里，仅供个人赏玩。

他曾经带着几千名美貌的嫔妃宫女，在园林中骑马游玩、唱歌。时间长了，新鲜感过去了，他便想再次改建自己的宫室。在侍臣的推荐下，一位设计师又给他提供了新的方案。在他的命令下，几万名壮丁费时一年多才完成这座建筑。为了建成它，国库一度亏空了。据史书记载，这座新的建筑除华丽以外，还十分精巧，是自古以来前所未有的，这座建筑被命名为"迷楼"。

迷楼建好以后，隋炀帝的生活变得更加荒淫，让人敢怒不敢言。他所做的荒唐事情，远不止这些。为了能够做一件新的大氅，他通令全国各地纷纷进贡白鹤的羽毛，因而，全国上下发起捕鹤取毛的运动。正是由于他的荒淫无度，加速了隋朝的灭亡。

尽管这座迷楼让多少人梦寐以求，可是，唐太宗起义攻入京城时，看着这座迷楼说："这是用千万老百姓的血汗脂膏建筑起来的啊！"于是，他派人放火烧了它，烧了好几个月才彻底烧光。唐太宗正是看到隋炀帝的缺点，以此警示自己不要重蹈覆辙。

隋炀帝荒淫无度，榨取民脂民膏来建造"迷楼"，沉迷享乐等一系列的缺点，导致他执政的政权最终走向灭亡。对于他的这些缺点，唐太宗都看到了，为了提醒自己不要步隋炀帝的后尘，刚攻入城内，他就火烧迷楼，以此来警示自己。当然，正是由于唐太宗善于吸取隋炀帝失败的教训，最终才使唐朝呈现出"贞观之治"的繁荣景象。

现实生活中，我们身边的人都有这样或那样的缺点，可能多数人会因此而厌恶某人，更别说去总结分析了。其实，这种做法并不见得有多明智。真正聪明的人不仅懂得学习别人成功的经验，更善于吸取别人失败的教训。能看到别人的缺点固然是好事，更要学会进行自我反省，这样才能提高自己的能力与水平。如果一个人只忙着去嫌弃或讨厌别人，自己也可能会成为有许

多缺点的人。那么，我们该如何做呢?

1.想要进步，要学会反省自己

纵观历史不难发现，任何人都难免会犯错误。如果我们看到他人的错误却不懂得反省自己的话，只会重蹈覆辙。一个人想要进步，就要学会以他人为镜子，通过与他人对比，在不断的反省中找到自己的优点与不足，只有如此，才能不断进步。

2.学会总结他人的失败，从中吸取教训

他人的失败，只是表明他人所走的道路不正确。只要我们能够从中找到失败的原因，以此为鉴，就可以降低失败的概率。正如杜牧所说："后人哀之而不鉴之，亦使后人而复哀后人也。"因而，只有学会总结，学会借鉴，才能确保找到一条正确的道路。

每个人都会有缺点，如果我们能够先自省，对于不好的地方及时改正，那么，我们身上的缺点自然会越来越少，离成功也更近一步。如果你也想成功，从此刻起，学会吸取失败的教训吧!

静坐常思己过，闲谈莫论人非

在我们的身边，每天都会发生许多事情，大家的出发点不同，看法自然也就不同，会有人说长，也会有人说短。对于这种现象，清代的金缨曾以"静坐常思己过，闲谈莫论人非"这句话来告诫自己，要理智地对待别人的是与非。看了下面的故事，你就会了解古人这样要求自我的意义。

一代儒学大师董仲舒，自幼天资聪颖，少年时就酷爱读书，因而学习起来常常忘了吃饭睡觉。看到孩子能如此专心，他的父亲董太公心里自然十分欢喜。然而，时间一长难免有些担心。于是，董太公便决定在屋后修建一个大花园，好让孩子有机会到花园散散心、歇歇脑。

说干就干，董太公立即派人去南方参观学习花园的建造经验。不久后，花园便开始动工建造。第一年，小花园内刚刚建起了一座假山，邻居、亲戚家的孩子们都到他家来玩，好不热闹。看着明媚的阳光、碧绿的草地、鲜艳的花朵，姐姐极力邀请董仲舒到园中休息，可他却依然手持竹简，背着先生布置的任务。后来，董太公又在自家的花园里建起了一座假山，同样引起不小的轰动。大伙叫董仲舒一起玩，他却像没听到一样，只顾低头写自己的诗文。

第三年，花园终于建成了，很多人来参观，看到如此美景，大伙都夸董家的花园精致。然而，董仲舒依然埋头在屋内读书，根本无暇顾及这些。甚至到中秋夜晚，全家人坐在花园中赏月时，他还是没有忘记自己的作业，找先生研究诗文去了。正是由于每天专心学习，他才能饱读诗书，最终成为令人敬仰的儒学大师。

这就是有名的"三年不窥园"的故事，董仲舒之所以能成大器，与他的专心学习、不为杂事所累密不可分。面对周围每天发生的事情，东家说长，西家说短，如果时时都要参与，那么势必会影响他的学业，还有可能会让自己卷入是非当中。每个人踏入社会都有自己的事情要去处理，想要做出一番成就来，就要学会专心致志，远离是非。

当然，古人这样做并不是要求我们冷漠、麻木不仁，甚至见死不救，或是遇到一些问题时，只抱着"事不关己，高高挂起"的态度来处事。我们应该在此基础上有更深一层的认识，那就是正确地面对人生中的是非问题，才能避免被卷入是非之争。那么，现实生活中，哪些情况下要抱着闲事莫管的态度，哪种情况下又要助人为乐呢？

1.对于那些议论别人是非的事情，要学会坐视不理

"金无足赤，人无完人"，人际交往中，总有那么一些人喜欢谈论别人的是非曲直，自然也就会有不同的看法。面对这些闲杂事情，要做到不去议论别人的是与非，同时反思自己的过失，做到以是克非，才是儒家倡导的修身养性的重要方法。因而，想成为有作为的人，要学会"闲谈莫论人非"，与自己无关的问题，就不要去管它，把精力集中在学习或事业上。

2.面对生活中的善恶事，要敢于站出来

生活中难免会存在一些不公不良的事情，如果我们都不去反对的话，很

可能让不正之风更加强大，到头来危害到更多人。一个有作为的人，更应该学会关心别人，助人为乐，在他人需要帮助之时，伸出援助之手，方能共建一个美好的家园。因而，做一个诚信的人，要学会敢于惩恶扬善，面对恶势力要学会反抗。

有人的地方，自然就离不开是非，然而，如何面对这些是非，却是可以由个人决定的。想要成为有作为的人，就要正确面对外界的是非问题，从现在起用智慧判断，用正确的态度去处理是非吧！

只去发现自己的不足，不去攀比衣食

《论语》中提出："三人行必有我师焉，择其善者而从之，其不善者而改之。"这句话的意思是，大家在一起，其中必定有能当我老师的人，选择他好的方面向他学习，看到他不好的方面就对照自己，改正这些缺点。要知道，生活中每个人都有优点与缺点，通过与他人比较，可以发现自己的不足之处，只要虚心好学，就可以不断完善自身。那么，生活中，我们应该学习别人哪些方面的优点呢？又应该改正自己哪些方面的缺点呢？

孔子，名丘，字仲尼，是我国古代伟大的思想家和教育家，是儒家学派的创始人。他自幼极为聪明好学，二十岁的时候，学识就已经非常渊博了，被称赞为"博学好礼"。

孔子周游列国，四处讲学，宣扬儒家思想。一天，他正在坐车赶路，发现有三个小孩正在玩，其中一个小孩用沙土堆成了一座城。这个小孩就是项橐。车被"城"挡住了，无法前行。可是这个小孩仍然在玩着，兴致勃勃，像没有看见一样。孔子下车，微笑着说："你怎么不知道车来了要让路呢？"

项橐这才抬起头来用大人的口气说："从古至今，只听说车要绕城而过，哪有城要避开车的道理？"孔子听了非常诧异，小孩如此能言善辩，而且像成年人一样镇定自若。孔子对这个孩子产生了兴趣，决定要考考他，就问道："你知道什么山上没有石头？什么水中没有鱼？什么门关不上？什么牛没法生牛犊？什么马不能生马驹？什么刀上没有环？什么火没有烟？什么样的男人没有妻子？什么样的女人没有丈夫？什么时候白天短？什么时候白天长？什么树不长杈？什么样的城没有使者？什么人没有孩子……"孔子一口气提了四十多个问题。项橐认真听完，不慌不忙地回答："土山、井水、空门、泥牛、木马、砍刀、萤火、仙人、仙女、冬天、夏天、枯树、空城、小孩……"这些问题涉及天文地理、自然现象、家庭伦理等各个方面，内容广泛，项橐都能对答如流，滴水不漏。孔子佩服，连说六个"善哉"！

项橐并不知道自己面对的是人们所尊敬的孔子，就反问了几个问题，结果孔子一个也答不上来，连叹道："后生可畏也。"孔子又说："我车中有棋，咱们赌一盘吧。"谁知项橐一本正经地拒绝，振振有词地说："我不赌博，天子好赌，天下就不能太平，天公也不作美；诸侯好赌，就无心治理国家；官吏好赌，就会耽误处理文案；农民好赌，就会错过耕种庄稼的好时机；做学问的好赌，就会忘了诗书礼仪；小孩子好赌博，就该挨揍。赌博原本是无聊、无用的事，学它做什么？"孔子听了这些话，由赞赏变成了敬佩，拜项橐为师。七岁的孩子从此名声远扬，而孔子以圣人之身，不耻以孩童为师，其举动也为天下人称赞。

孔子虽然学识渊博，悉通礼仪，却在路上被一个小孩子的回答给难倒了，孔子便向他虚心学习。孔子作为一代思想家都能虚心向一位小孩学习，那么，我们又有什么不应该的呢？

然而，现实生活中，许多人把金钱、地位、名誉当作成功的标志，自认为有了名车豪宅就已经很有成就了。那些没钱、没房、没车的人便整天活在自卑中，觉得自己与别人相比，什么都不如别人好。也有些年轻人不惜辍学去外地打工，学别人如何挣钱。还有些人索性拿命去换钱，专门干一些违法的勾当，到头来因为违法而失去了人身自由，更有甚者还会失去生命。因此，我们要选择正确的人生目标。

1.要懂得虚心进取，只有这样才能不断进步

一个人如果在自己的世界中自我满足，就永远也不可能发现自己的不足之处，也就不可能取得进步。因而，与人相处时，我们要学会与他人比较，只有这样才能从比较中找到不足的地方。面对不足，我们还要学会虚心向他人求教，才可能获得进步，最终走向成功。

2.选对正确的目标，是成功的一半

一个人能够发现自己的不足，并有改变的毅力与勇气，就有可能会成功。然而，想要实现这一切，就要学会选择正确的目标，即要知道向别人学习什么，是学习如何挣钱，还是学习他人的学识、能力等。知识、道德、才艺是一个人成功最重要的因素。相反，如果一个人把金钱、名利、地位当作人生奋斗的目标，很可能迷失自我。

3.拥有良好的心态，正确看待眼前的处境，学会勉励自己

当前社会，越来越多的人在追求成功，却忽略了自身修养与能力的提高。在我们的周围，有些人总是在抱怨人生。可能目前我们的生活的确不太令人满意，然而，要知道富贵不是一个人的资本，贫穷更不是一个人的耻辱，我们没必要因此而悲伤叹气。只要能够虚心学习别人的品德与学识，不断提高自己的能力，自然会有成功的那一天。

参考文献

［1］何佩嵘.生而优雅：淑媛礼仪[M].北京：中信出版社，2016.

［2］周思敏.你的礼仪价值百万[M].北京：中国纺织出版社，2009.

［3］袁涤非，朱海燕，陈枳齐.中国礼仪.餐饮礼仪[M].沈阳：东北大学出版

社，2018.